Bachmann | Der gute Gott von Manhattan

Lektüreschlüssel XL

für Schülerinnen und Schüler

Ingeborg Bachmann

Der gute Gott von Manhattan

Von Joseph McVeigh

Reclam

Dieser Lektüreschlüssel bezieht sich auf folgende Textausgabe: Ingeborg Bachmann: *Der gute Gott von Manhattan. Hörspiel.* München: Piper, [4]2019.

Lektüreschlüssel XL | Nr. 15513
2020 Philipp Reclam jun. Verlag GmbH,
Siemensstraße 32, 71254 Ditzingen
info@reclam.de
Druck und Bindung: Elanders Waiblingen GmbH,
Anton-Schmidt-Straße 15, 71332 Waiblingen
Printed in Germany 2026
RECLAM ist eine eingetragene Marke
der Philipp Reclam jun. GmbH & Co. KG, Stuttgart
ISBN 978-3-15-015513-4
reclam.de

Inhalt

Inhalt

1. Schnelleinstieg

Autorin	Ingeborg Bachmann (1926–1973), österreichische Schriftstellerin
Erstsendung	29. Mai 1958 (Ursendung im Bayerischen Rundfunk, Norddeutschen Rundfunk und Südwestfunk); erste Druckfassung 1958
Gattung	Hörspiel
Ort und Zeit der Handlung	Erzählt wird eine Liebesgeschichte im Sommer 1955 in der amerikanischen Großstadt New York. Die Schauplätze sind verschiedene Orte in der Stadt (Grand Central Bahnhof, Central Park, Atlantic Hotel) sowie ein Gerichtssaal in der Stadt.
Werkaufbau	Das Hörspiel ist nicht in Akte unterteilt, sondern besteht aus einer lockeren Folge von Szenen, die abwechselnd im Gerichtssaal und an den verschiedenen Orten, wo sich das Liebespaar aufhält (Hotelzimmer, Bar, im Park), spielen.
Erzählperspektive	Die Handlung wird abwechselnd aus der Perspektive der Titelfigur, des guten Gottes, und derjenigen der jungen Menschen Jan und Jennifer gezeigt. Die Aussagen des guten Gottes und die vom Richter vorgelesene Gerichtsakte in einem Gerichtsverhör bilden den Rahmen der Handlung, die die Liebesbeziehung zwischen Jan und Jennifer bildet.
Handlung	Ein Angeklagter steht zum Verhör vor einem Richter. Die beiden kennen sich schon, da sie sich vor einiger Zeit in einem ähnlichen Fall – einem Bombenattentat auf ein junges Liebespaar – im Gerichtssaal begegnet sind. Der Tatbestand ist klar: Der Angeklagte, der unter dem Spitznamen »Der gute Gott von Manhattan« oder »Der gute Gott der Eichhörnchen« bekannt ist, wurde am Tatort gefasst und leugnet die Mordtat nicht. Mit Hilfe seiner tierischen Handlanger, der Eichhörnchen Frankie und Billy, verfolgt er Liebespaare, die die gesellschaftlichen Konventionen solcher Beziehungen nicht beachten und somit die Grenzen des normalen Zusammenlebens zu sprengen drohen.

Rahmenhandlung im Gerichtssaal

Das Verhör des guten Gottes bildet den Rahmen der zentralen Handlung, einer Liebesgeschichte mit tragischem Ende zwischen dem jungen Europäer Jan und der amerikanischen Studentin Jennifer. Sie begegnen sich im Zentralbahnhof von New York und verbringen zusammen fünf Tage in der Stadt. Aus dem, was als sexuelles Abenteuer beginnt, wird plötzlich etwas mehr. Aber Jan hat schon eine Schiffskarte für die Rückreise nach Cherbourg gelöst und wartet nur noch auf die Bestätigung seines Platzes auf dem Schiff. Die Affäre soll also von vornherein eine »Vereinbarung auf Distanz« (S. 37) sein. Doch zwischen den beiden entwickelt sich eine immer intensiver werdende, sich steigernde Liebe, was durch den Umzug in immer höhere Stockwerke des Hotels symbolisiert wird: vom Erdgeschoss ins 7. Stockwerk, dann ins 30. und schließlich ins 57. Stockwerk des Atlantic Hotels.

Die zentrale Handlung des Stücks

Die zentrale Handlung des Hörspiels, die Liebesgeschichte, wird eigentlich in die innere Welt der Empfindungen verlegt, in der die Vertiefung und Stärkung der Beziehung verfolgt wird. Der manchmal lyrische Charakter des Dialogs zwischen Jan und Jennifer erschwert die Auslegung der hier ausgedrückten Gefühle, hat aber die deutliche Absicht, die »neue[] Sprache« (S. 85) einer absoluten ekstatischen Liebe wiederzugeben.

New York und »The American Way of Life«

Die Schauplätze und Bilder aus der Metropole New York lassen offensichtlich werden, dass das Hörspiel in den Worten der Autorin »ohne die Amerika-Reise nicht zu denken« war, die Bachmann im Sommer 1955 unternahm.[1] Und im Verlauf der Liebesgeschichte bekommt der Leser einen Einblick in die moderne Weltordnung, für die die Metropole New York als Symbol steht. Als Befürworter dieser Ordnung malt der gute Gott in seinen Aussagen vor dem Richter das Bild einer gnadenlosen modernen Welt, deren Regeln den Menschen ein konformes Leben abverlangen und die ihnen als Belohnung hierfür die Erfüllung aller materiellen Bedürfnisse verspricht. Dieses Bild basiert in vielem auf dem »American Way of Life«, mit dem Bachmann sich im Sommer 1955 in Boston (USA) als Teilnehmerin am Harvard International Summer Seminar intensiv beschäftigte. Konsum, Gewinn, Konformität und das Nützliche als Maßstäbe des gesellschaftlichen Lebens bilden in dem Stück die Hauptmerkmale der von den USA geprägten neuen Weltordnung nach dem Zweiten Weltkrieg, obwohl solche Eigenschaften auch früher im 20. Jahrhundert mit Amerika verbunden wurden.

In ihrer Darstellung einer tragisch endenden Liebesgeschichte stellt Bachmanns letztes Hörspiel die gesellschaftlichen Zwänge in Frage, die die individuelle Freiheit radikal einschränken. Insofern nimmt dieses Werk den sozialen Umbruch der 1960er Jahre vorweg, in dessen Mittelpunkt die Spannung zwischen Individuum und Anpassung an gesellschaftliche Konventionen stand.

1 Ingeborg Bachmann, *Wir müssen wahre Sätze finden. Gespräche und Interviews*, hrsg. von Christine Koschel und Inge von Weidenbaum, München/Zürich 1983, S. 56.

2. Inhaltsangabe

Die zentrale Handlung des Hörspiels, die Liebesbeziehung zwischen Jan und Jennifer, spielt sich über fünf Tage in der Stadt New York ab, und zwar hauptsächlich im Stadtteil Manhattan, dessen Name auf den indianischen Ausdruck *manna-hatta* zurückgeht und ›himmlische Erde‹ bedeutet.

Das Verhör und der Angeklagte

Das Verhör beginnt

Im Gerichtssaal (S. 7–15): Die Eröffnungsszene der Handlung spielt im Sommer 1955 in einem Gerichtssaal in der Stadt New York, wo ein Angeklagter vor einem Richter über einen Mord aussagt, den er an einer jungen amerikanischen Studentin verübt haben soll. Der Dialog zwischen dem Richter und dem Angeklagten ist mehr Gespräch als Verhör, da der Angeklagte, der seine Schuld keineswegs leugnet, nicht zum ersten Mal vor dem Richter steht. Er war bereits früher ein Verdächtiger in anderen Fällen von Bombenattentaten und galt unter den gerichtlichen Psychiatern als wahnsinnig. Der Richter lehnte diese Diagnose jedoch ab, als er den Angeklagten kennenlernte. Nun entnimmt er den Akten, dass der Angeklagte allgemein als »[d]er gute Gott von Manhattan« oder »der gute Gott der Eichhörnchen« (S. 10) bekannt ist und über Hunderte solcher Nagetiere in der Stadt verfügt. Der gute Gott nennt die Tiere »mein[en] Nachrichtendienst, die Briefträger, Melder, Kundschafter, Agenten« (S. 11). Sie werden von den Tieren Frankie und Billy angeführt. Am Ende dieser Szene fängt der gute Gott an zu erzählen, wie die beiden jungen Menschen, der europäische Student Jan und die amerikanische Studentin Jennifer, zueinanderfanden. Den Übergang zur nächsten Szene bilden anonyme Stimmen »*ohne Timbre, ohne Betonung, klar und gleichmäßig*« (S. 15), die eine Reihe kurzer Sätze aus dem Alltag, der Werbung, der Politik usw. sprechen, die jedoch keinen Zusammenhang ergeben. Darunter befinden sich auch kurze Sätze, die als Mahnungen an Jan und Jennifer verstanden werden könnten: »DENK DARAN SOLANGE ES ZEIT IST« oder »DU KANNST ES NICHT HALT!« (S. 15). Durch das ganze Hörspiel hindurch werden diese beiden Sätze von den Stimmen wiederholt.

Erste Begegnung und erste Station der Liebenden: das Stundenhotel

Auf dem Grand Central Bahnhof (S. 15–20): Im Zentralbahnhof New Yorks lernt Jennifer den Europäer Jan kennen, der schon bald per Schiff nach Europa zurückreisen soll. Er ist ihr nicht ganz unbekannt, da sie ihn einige Tage zuvor auf dem Tanzfest ihrer Universität in Boston gesehen und auch im Zug von Boston nach New York ein paar Reihen hinter ihm gesessen hatte. Jennifer spricht ihn zuerst an, doch er reagiert eher desinteressiert. Er hat jedoch Hunger und will essen gehen; Jennifer kauft an einem Automaten im Bahnhof Nüsse für ihn. Jan erkennt die

■ Die erste Begegnung der Liebenden

Nüsse als Eichhörnchenfutter und erwähnt, dass eines dieser Nagetiere ihm einen Brief zugesteckt hat, in dem steht, dass er den Abend mit Jennifer »auf der himmlischen Erde« (S. 19) verbringen wird. Jennifer willigt in ein kurzes Abenteuer mit ihrem neuen Bekannten ein.

Die Zigeunerin und Mack der Bettler

In einer Nachtbar, *dann* auf der Straße, später in einem Stundenhotel (S. 20–31): Die beiden gehen in eine Bar, wo ihnen eine Zigeunerin die Zukunft aus der Hand zu lesen versucht. Bei Jennifer misslingt dieser Versuch, weil die zu lesenden Linien der Handfläche durch die Spuren von Jans Fingernägeln entstellt wurden. Jan hingegen prophezeit die Seherin ein langes Leben, ohne dass sie sich seine Hand anschaut. Kurz darauf macht sich das Paar auf die Suche nach einem Hotel. Auf dem Weg begegnen sie einem Bettler namens Mack, der das Los der Bettler in New York beschreibt. Die Armen »[h]aben keine Farbe. Neiden den Weißen und Schwarzen die Haut« (S. 24). Kurz darauf mieten sie ein Zimmer in einem schäbigen Stundenhotel. Jennifer zögert anfangs, mit ihm ins Bett zu gehen, weil sie sich in dem schmutzigen Zimmer unwohl fühlt. Jan spielt nach wie vor den autoritären Mann in der Beziehung und gibt Befehle – »Zieh dich aus!« (S. 26). Er spricht mit Jennifer wie mit einem Kind: »Musik? Meine liebe Jennifer, jetzt wirst du keine hören […] denn ich werde es nicht dulden« (S. 28). Jennifer reagiert machtlos (»Warum tust du das? Warum, warum, warum?«, S. 28), lässt sich alles gefallen, einschließlich Jans emotionaler Kälte –

er gesteht, nur daran zu denken, dass er am nächsten Morgen aufs Schiffsbüro muss. Erst am Mittag des folgenden Tages wachen die beiden auf. Zu diesem Zeitpunkt deutet alles im Dialog zwischen den beiden auf baldige Trennung hin. Jan will zwar weg, schlägt jedoch vor, dass sie frühstücken gehen und »in Ruhe darüber sprechen« (S. 29). Zum Schluss hört man wieder die anonymen Stimmen mit ihren wirren Sprüchen, unter anderem einem zur Besinnung auf den Charakter ihrer Beziehung: »WARUM NICHT GENUSS OHNE REUE« (S. 30).

Die Stadt der Städte: Die Welt und seine Ordnung

Im Gerichtssaal (S. 31–35): Der gute Gott bemerkt mit Sorge in Jans schwindender Unsicherheit über die Beziehung zu Jennifer und in Jennifers »Hunger auf alles« einen sich anbahnenden Grenzübertritt über die Hemmschwelle gesellschaftlicher Erwartungen. Jan erfährt telefonisch, dass er immer noch keinen sicheren Platz auf dem Schiff hat, was ihm ermöglicht, bei Jennifer zu bleiben. Die zunehmenden Liebesgefühle zwischen Jan und Jennifer vergleicht der gute Gott mit dem »wütende[n] Hymnus [...] eines wiedererstandenen Ninive und Babylon« (S. 33) und benutzt eine Reihe von grotesken Todesbildern – »Schädel der Gigantenhäuser«, »Hunderte von Leichen wurden in den Trauerhäusern manikürt, geschminkt und zur Schau gestellt« (S. 33) –, um den Charakter

- Die ersten Anzeichen eines Grenzübertritts
- New York als das neue Babylon
- Todessymbolik

Abb. 1: Die heutige Skyline von New York. – © Image by A. H. from Pixabay

von New York zu veranschaulichen, dieser »Stadt der Städte, […] in der alles gedeihen konnte! Alles. Auch dies« (S. 34). Der Richter liest aus den Akten vor, was das Liebespaar als Nächstes getan hat: sie sind mit der Untergrundbahn nach Harlem gefahren, haben etwas Zeit in einer Bar, einer Kirche und einem Musikgeschäft verbracht. Die beiden beziehen schließlich ein Zimmer im 7. Stockwerk des Atlantic Hotels. Der gute Gott fügt hinzu, dass dem jeweiligen Stockwerk, in dem sich das Liebespaar befindet, eine gewisse Bedeutung zukommt.

Zweite Station der Liebenden: Im 7. Stockwerk des Atlantic Hotels

Halle des Atlantic Hotels (S. 35–37): Jan und Jennifer erfahren, dass ein Zimmer im 7. Stockwerk des Atlantic Hotels frei geworden ist. Jennifer freut sich auf die Klimaanlage und »Sauberkeit jede Stunde« (S. 36), wobei ihr immer noch bewusst ist, dass das Liebesabenteuer wegen der bevorstehenden Abreise von Jan nur kurze Zeit dauern wird.

■ Ein Zimmer im 7. Stockwerk

Im Zimmer des 7. Stockwerks (S. 36–37): Diese kurze Szene besteht aus einem knappen spielerischen Dialog zwischen Jan und Jennifer, in dem er sie über die Begriffe »morgen«, »heute« und »jetzt« (S. 36. f.) prüft.

■ Wortspiele um die Zeit

Im Gerichtssaal (S. 37–39): Der Richter und der gute Gott sehen die Details des Falles unterschiedlich. Was der Richter die »Intimitäten« des Liebespaars nennt, versteht der gute Gott im Gegenteil als eine »Vereinbarung auf Distanz« (S. 37). Er glaubt jedoch, in dieser noch bestehenden Distanz zwischen den beiden die ersten Bruchstellen zu erkennen: »Sie lachen in der Öffentlichkeit und doch unter deren Ausschluß […] wie Verschwörer, die andere nicht wissen lassen wollen, daß die Spielregeln bald außer Kraft gesetzt werden« (S. 38). Als Beispiel der Unberechenbarkeit der beiden führt der gute Gott ihren Spaziergang um Mitternacht zur Brooklyn-Brücke an.

■ Die »Vereinbarung auf Distanz«

Im Freien (S. 39–40): Jan und Jennifer fahren fort mit dem verliebten, spielerischen Dialog, in dem Jan verspricht, dass er allein sie noch lange lieben will, sogar wenn sie »noch alt und hinfällig« (S. 39) ist. Mitten im Gespräch bekommen sie einen vom Eichhörnchen gelieferten Brief, der sich wie eine geheimnisvolle Einladung liest, allerdings mit Hinweis auf zwei Reklamewände, die als Orientierungspunkte dienen sollen: »Sag es niemand. Heute nacht erwartet dich Jennifer auf dem Broadway unter dem Wasserfall aus Pepsi Cola neben dem großen Rauchring von Lucky Strike« (S. 40).

Im Gerichtssaal (S. 40–42): Die ersten Anzeichen echter Liebesgefühle alarmieren den guten Gott. Was ursprünglich nach Reisebekanntschaft und kurzer Affäre aussah, scheint sich nun in etwas anderes zu verwandeln: »Sie verstießen gegen jeden vernünftigen Brauch, den man davon machen kann« (S. 40). Nach einem nächtlichen Spaziergang durch die Stadt kehrt das Paar ins Hotel zurück, wobei sie »noch unter dem Gesetz« (S. 41) handeln. »Aber nicht lange mehr. Nicht mehr lange« (S. 41), wie der gute Gott hinzufügt. Mit diesen Worten meint der gute Gott, dass die Beziehung der Liebenden noch nach den üblichen gesellschaftlichen Erwartungen verläuft. Er deutet aber auch an, dass sie sich bald ändern wird. Der Richter hört sich den Kommentar des guten Gottes an, meint jedoch frustriert, er sehe in dessen bisherigen Erklärungen kein Motiv für den Mord. Der gute Gott erzählt, wie er das Liebespaar vorgewarnt hat, etwa durch eine Theatervorstellung im Central Park.

Kein klares Motiv für den Mord

Marionetten-Theater im Central Park

Im Theater (S. 42–45): Während einer Fahrt in der Pferdekutsche durch den Central Park in New York treffen die Verliebten auf ein von den Eichhörnchen schnell aufgestelltes Marionettentheater, dessen Programm eine Aufführung von »fünf der schönsten Liebesgeschichten der Welt!« (S. 42) verspricht: *Romeo und Julia, Tristan und Isolde, Abälard und Heloïse, Francesca und Paolo* sowie *Orpheus und Eurydike.* Jan und Jennifer sollte dabei auffallen, dass alle fünf Geschichten mit dem Tod enden. Billy gibt für jede Geschichte eine kurze Einleitung, während Frankie aus lauter Blutrünstigkeit ständig Details aus dem grausamen Schicksal der Paare ausruft: »Zur Hölle mit ihnen. […] Tot. Zerrissen. Zu Ende!« (S. 43). Die eigentliche Aufführung der fatalen Liebesgeschichten wird jedoch im Text des Hörspiels nicht näher beschrieben.

■ Die Liebenden als Marionetten

■ Blutrünstige Inszenierung tragischer Liebesgeschichten

Im Freien (S. 45–46): Jan und Jennifer hat die Theatervorstellung im Park gefallen. Jennifer entdeckt in ihrer Handtasche einen Zettel von den Tieren mit der Nachricht »Heimgehen, bitte« (S. 46).

Im Gerichtssaal (S. 46): Den guten Gott alarmiert, dass die Liebenden in ihr Zimmer zurückkehrten und »an die nächste Umarmung [dachten]«, denn er hält die sich vertiefende Beziehung für »weder natürlich noch gesund« (S. 46).

Trennung und Wiederfinden

Im Zimmer des 7. Stockwerks (S. 47–49): Jan hat weiterhin vor, mit dem Schiff abzufahren, sobald er einen Platz bekommt. In der Zwischenzeit spielt er weiter mit den Gefühlen Jennifers, indem er ironischerweise verspricht, ihr zu schreiben, wenn er wieder zu Hause ist. Jennifer hofft naiv darauf, dass hinter den liebevollen Worten des Scherzbriefes echte Gefühle stehen. Jan macht sich im weiteren Dialog mit Jennifer über diese Illusion lustig: »Meine Gefühle habe ich ausgezogen und zu den Kleidern gelegt« (S. 48). Kurz darauf kommt ein Telefonanruf mit der Nachricht, dass nun für Jan ein Platz auf dem Schiff reserviert ist. Die Szene endet wieder mit den Stimmen und ihrer Warnung vor einer Fortsetzung der Liebesbeziehung.

- Jans Sprache als Machtinstrument

Im Zimmer des 7. Stockwerks (S. 49–51): Jan und Jennifer packen ihre Koffer und bereiten sich auf die endgültige Trennung vor. Während Jan die Rechnung für das Zimmer bezahlt, geht Jennifer aus dem Hotel in der falschen Annahme, dass ihre Zeit mit Jan zusammen nun zu Ende ist. Jedoch bucht Jan am Empfang eigentlich ein Zimmer in einem höheren Stockwerk, damit sie weiterhin zusammen sein können. Die Stimmen treten am Ende der Szene erneut auf. Zur üblichen Warnung – »SOLANGE ES ZEIT IST DENK DARAN« – kommt eine neue Mahnung für Jennifer hinzu: »NÄHER ZU IHM NÄHER ZU NICHTS« (S. 51).

- Ein Missverständnis trennt die Liebenden kurz

Auf der Straße (S. 51–55): Jan bedauert, dass Jennifer fortgegangen ist. Er verlässt das Hotel und sucht auf der Straße nach ihr. Plötzlich taucht sie neben Jan auf und hat sich anscheinend entschieden, reuevoll zu ihm zurückzukehren. Anstatt sich zu freuen, dass er sie wiedergefunden hat, bedroht er sie: »Ich sollte dich schlagen vor allen Leuten, schlagen werde ich dich …« (S. 53). Sie antwortet nur: »Ja, ja« (S. 53). Jan berichtet, er habe beim Bezahlen des Zimmers erfahren, dass nun eines im 30. Stockwerk frei geworden ist, sogar mit Blick zur Straßenseite. Jennifer scheint bereit, sich mit Jan zu versöhnen, und freut sich auf den Umzug in ein höheres Stockwerk: »Küß mich. Auch auf der Straße« (S. 54). Die beiden kehren ins Hotel zurück.

■ Jennifers Erniedrigung durch Jan

Im Gerichtssaal (S. 56–58): Der gute Gott erklärt dem Richter, welche Wirkung ein Aufenthalt im oberen Stockwerk eines hohen Gebäudes auf die Menschen generell hat: »Aus einiger Entfernung betrachtet, schrumpft der gesunde Menschenverstand ein und sieht einem Gran Stumpfsinn zum Verzweifeln ähnlich« (S. 56). Solche Umstände, so der gute Gott, wirken auf Liebespaare wie Jan und Jennifer umso stärker, als man hier etwas erlebt, was nicht auf dem Boden zu erleben ist: »Es gibt nämlich einiges in den Höhen, wo die Adler nicht wohnen. Freiheit. Ein Unwesen, das die Phalanx der Liebenden in Besitz nimmt und verteidigt voller Verblendung« (S. 56 f). Schuld an dieser Intensivierung der Liebesbeziehung ist auch, so meint der gute Gott, seine Widersacherin,

■ Der Umzug ins 30. Stockwerk

Die Zigeunerin als Widersacherin des guten Gottes

die Zigeunerin, der Jan und Jennifer schon in der ersten Nacht begegnet waren. Der gute Gott verfolgt sie, so gut es geht, kann sie aber nicht ausfindig machen: »Darum bin ich dieser Zigeunerin auf den Fersen, solange ich denken kann, die von nirgends herkommt und nirgends zuhause ist und diese Horste begünstigt« (S. 57). Die Liebenden richten sich im neuen Zimmer ein und lassen sich nicht mehr trennen.

Auf dem Hotelkorridor (S. 58–59): Diese humoristische Szene eröffnet das Eichhörnchen Billy mit einem Zitat aus dem Märchen *Rumpelstilzchen*: »Ach wie gut, daß niemand weiß« (S. 58). Dann überlegen sich die beiden Eichhörnchen-Hauptleute Frankie und Billy, wie Jan und Jennifer für ihr Vergehen bestraft werden sollten. Frankie schlägt zuerst »Spanische Folter« (S. 59) vor, flüstert Billy dann aber eine noch bessere Möglichkeit ins Ohr, die dem Leser nicht verraten wird.

Die Eichhörnchen planen die Vernichtung

Im Gerichtssaal (S. 60–61): Der Richter ist schockiert, dass die Eichhörnchen als mögliche Strafe Folter in Betracht ziehen und kommentiert, dass wir nicht im Mittelalter leben. Der gute Gott behauptet, der Richter bevorzuge vielleicht die Massenvernichtung vor der Einzelvernichtung, und lässt wissen, er selbst habe »ein altmodisches Verfahren« (S. 60) verwendet, das in den Augen des Gerichts wenig Zustimmung finden werde. Dennoch lehnt er »[d]ie ausschweifende Phantasie meiner Handlanger« ab, preist die eigene Nüchternheit in solchen Fällen – »Mordlust ist mir fremd« (S. 60) – und meint am Ende, er erwar-

Massenvernichtung oder Einzelvernichtung?

te keine Gnade vom Gericht. Die Szene schließt mit den anonymen Stimmen, die unter anderem die ambivalente Formulierung »KEINE GNADE« (S. 61), die sich hier auf die Liebenden oder auf den guten Gott beziehen kann, leitmotivisch zweimal wiederholen.

Dritte Station der Liebenden: Im 30. Stockwerk des Atlantic Hotels

Im Zimmer des 30. Stockwerks (S. 61–69): Jennifer und Jan versuchen, mit ihren erwachenden Liebesgefühlen zurechtzukommen und zu entscheiden, ob sie von Dauer sein werden oder nicht. Jennifer will Jan besser kennenlernen, indem sie ihm Fragen zu seiner Person stellt, aber er hält ein solches Gespräch für sinnlos. Auf die Frage, ob jemand drüben in Europa auf ihn warte, antwortet Jan mit einer Kälte, die klarstellt, dass er seine jetzige Beziehung zu Jennifer nicht als große Liebe betrachtet: »Man wird ja weitergereicht, eine Beziehung löst die andere ab, man siedelt von einem Bett ins andere« (S. 64). Auf Jennifers nochmaligen Wunsch, ihn besser kennenzulernen, reagiert Jan erneut abweisend. Er mokiert sich über ihr Interesse, ihm näherzukommen, mit abwertenden Bemerkungen über das gängige Leben eines Liebespaars, das darin bestehe, ins Konzert oder ins Kino zu gehen, Kinder zu kriegen usw. Dass Jan nun diese Ordnung in der Liebe ablehnt, signalisiert er hier mit den Worten: »Aber es ist nur der erste Angriff, der erste Schlag auf eine Kette, die nicht zerbrechen will.

■ Jans zynische Auffasung der Liebe

■ Jans Widerstand gegen die Ordnung der Welt

[…] Aber es kann auch das Gesetz der Welt dann nicht mehr auf uns liegen« (S. 69).

Die Eichhörnchen planen den nächsten Schritt

Im Büro des guten Gottes (S. 69–72): Frankie und Billy beraten, wie es mit den Liebenden weitergehen soll. Sie beschließen, dass Jan und Jennifer in ein noch höheres Stockwerk ziehen sollen, und zwar ins siebenundfünfzigste, das höchste im Hotel. Sie überlegen sich, wie sie den jetzigen Bewohner des erwünschten Zimmers wegscheuchen können. Wenn Jan und Jennifer in das neue Zimmer einziehen, so die Diagnose Frankies, verfallen sie Symptomen einer Desorientierung, denn sie »müssen haushalten mit der Stickluft. Verlieren den Boden unter den Füßen. Fühlen Schwindel. Und pfeifen – *er pfeift* – pfeifen auf die himmlische Erde« (S. 72).

Im Gerichtssaal (S. 72–74): Der Richter und der gute Gott besprechen den Umzug der Liebenden ins 57. Stockwerk und die »seltsame Aussicht« auf die »im Flug verlassene Welt […] unten« (S. 73). Der gute Gott deutet an, dass er für die jungen Liebenden, die fast kein Geld mehr hatten, das Zimmer bezahlt hat, um die Dinge voranzutreiben, die nicht mehr aufzuhalten waren.

Vierte Station der Liebenden: Im 57. Stockwerk des Atlantic Hotels

Die Liebesutopie rückt näher

Im Zimmer des 57. Stockwerks (S. 74–78): Im 57. Stockwerk vollendet sich die Verwandlung der Liebenden in absoluter Freiheit, wie Jan bemerkt: »Genau hier ist es zu spüren, wo es wenig Erde gibt. Hier ist Raum« (S. 74). Er empfindet dabei, »daß der Kältesee in meinem Herzen zum Abfließen kommt« (S. 75). Mit immer stärkeren Bildern steigern sich die gegenseitigen Liebesbeteuerungen der beiden, bis Jan, der von Anfang an der emotional Zurückhaltende war, sein endgültiges Bekenntnis zu Jennifer ablegt: »Bei dir sein möchte ich bis ans Ende aller Tage und auf den Grund dieses Abgrundes kommen, in den ich stürze mit dir. Ich möchte ein Ende mit dir [...]« (S. 77). Er unterstreicht in einem weiteren Monolog den radikalen Aspekt seiner neuen Auffassung der unendlichen Liebe, indem er sie mit existenziellen Überlegungen verbindet: »Reißen wir unsere Herzen aus für ein Nichts und um mit dieser jämmerlichen Klage die Leere zu füllen, und stirbst du dafür! [...] Ich will, was noch niemals war: kein Ende. [...] So komm. Ich bin mit dir und gegen alles. Die Gegenzeit beginnt« (S. 78).

Im Gerichtssaal (S. 79–82): Der gute Gott erklärt dem Richter die Bedeutung von Jans Worten: Es ist die Rede »[v]on einem anderen Zustand. Von einem Grenzübertritt. Von etwas, das Sie und ich nicht erwogen haben« (S. 79).

Das Glaubensbekenntnis des guten Gottes

In dieser Szene offenbart der gute Gott sein Glaubensbekenntnis, auf dem seine unerbittliche Auffassung gesellschaftlicher Ordnung basiert. Nachdem er das Programm des guten Gottes zur Kenntnis genommen hat, nennt ihn der Richter »ein[en] krankhafte[n] Phantast[en]« (S. 81) und verweist darauf, dass es doch viele glückliche Paare gibt, was der gute Gott nicht bestreitet. Dennoch betont dieser, dass solche Menschen Instinkt haben und verstehen, die anfängliche Glut zu zähmen, um aus der Beziehung »eine Kameradschaft und wirtschaftliche Interessengemeinschaft« zu schaffen. Er sieht eine solche Beziehung als annehmbar und summiert: »Alles im Gleichgewicht und in der Ordnung« (S. 81).

Der Richter betont, dass es nur *eine* gesellschaftliche Ordnung gibt, die er als Richter vertritt. Der gute Gott schließt mit der Andeutung, dass der Richter und er doch auf derselben Seite stehen, denn sie wollen das Bestehende stärken und mit allen Mitteln verteidigen. Die Szene schließt mit den anonymen Stimmen, in deren Sprüchen diesmal ein gewalttätiger Ton bemerkbar ist: »PROBEWEISE GEWALT AUF VORRAT«, »RAKETEN SPRITZIGER BOMBEN FÜLLIGER«, »UNTER SCHLÄGEN STEIGEN UND SINKEN« (S. 82).

Im Zimmer des 57. Stockwerks (S. 83–85): Jan und Jennifer sind dabei, sich zu trennen, obwohl Jennifer offensichtlich in Jan verliebt ist. Jan, bereits an der Tür stehend, muss sich endlich eingestehen, dass er sie nicht verlassen kann und geht wieder auf sie zu. Jennifer wirft sich auf die Knie, was ihn überrascht und etwas verunsichert, und sie beginnt eine Litanei der Hörigkeit: »Auf den Knien vor dir liegen und deine Füße küssen? Ich werde es immer tun. Und drei Schritte hinter dir gehen, wo du gehst. Erst trinken, wenn du getrunken hast. Essen, wenn du gegessen hast. Wachen, wenn du schläfst« (S. 84). Auf diese seltsame Liebeserklärung Jennifers reagiert Jan mit einem Bekenntnis zu ihr. Er müsse zwar kurz einmal aufs Schiffsbüro, um die Karte zurückzugeben, doch bevor er geht, verspricht er ihr, in ihrer neuen Liebesbeziehung alle Grenzen der gesellschaftlichen Konventionen zu sprengen.

■ Jans Liebeserklärung

Im Gerichtssaal (S. 86): Der gute Gott rechtfertigt dem Richter gegenüber, warum Jan und Jennifer sterben müssen, indem er sie mit radioaktiven Elementen vergleicht, »die alles zersetzen und die Welt in Frage stellen« (S. 86). Die sich emotional steigernde Rechtfertigung des Mordes an Jennifer endet mit einem Rollenwechsel im Gericht: Der Angeklagte verlangt nun vom Richter Antworten.

■ Die Liebe als radioaktives Element

Bedenkzeit und Explosion

Im Zimmer des 57. Stockwerks (S. 87–89): Der gute Gott überbringt Jennifer im Hotelzimmer ein Paket mit der Anweisung, dass es erst geöffnet werden soll, wenn Jan wieder da ist. Jennifer ist damit einverstanden, weil sie annimmt, dass Jan in der Tat bald zurückkehren müsste. Der gute Gott geht jedoch nicht sofort, sondern hört Jennifers Liebeserklärung an Jan zu: »Ich liebe. Und ich bin außer mir. Ich brenne bis in meine Eingeweide vor Liebe und verbrenne die Zeit zu Liebe, in der er hier sein wird und noch nicht hier ist. […] Atmen Sie nicht diese Luft hier. Ich brauche sie. Ich liebe. Gehen Sie fort von hier. Ich liebe« (S. 88).

■ Die Bombe wird geliefert

In einer Bar in der 46. Straße (S. 89–92): Jan geht in eine Bar und bestellt ein Getränk. Der Barmann stellt das Radio an und aus dem Apparat sind durch die ganze Szene noch einmal die anonymen Stimmen zu hören: »DENK DARAN SOLANGE ES ZEIT IST« und »KEINE GNADE KEINE ZEIT FÜR GNADE« (S. 90 f.). Beinahe geht er zurück zu Jennifer, bleibt dann aber doch sitzen, liest eine Zeitung und spricht mit dem Barmann. In diesem Moment ist eine dumpfe Detonation zu hören.

Die Explosion

Auf dem Korridor des 57. Stockwerks (S. 92): Die Eichhörnchen Frankie und Billy halten sich im Korridor des 57. Stockwerks auf, als die Bombe detoniert. Billy ärgert sich, dass Jan nicht mit im Zimmer war: »Gründliche Explosion und schlechte Berechnung. Ein Toter zu wenig« (S. 92), während Frankie nur klagt, dass die Explosion sein Fell versengt hat. Sie verschwinden, als die ersten Menschen herbeikommen.

Im Gerichtssaal (S. 93–94): In dieser Schlussszene des Hörspiels ist das Bündnis zwischen dem Richter bzw. dem Gesetz und dem guten Gott vollendet. Der Richter summiert mit Worten, die denjenigen des guten Gottes ähnlich klingen, warum Jan überlebt hat: »Weil er plötzlich, als die Entscheidung gefallen war, Lust verspürte, allein zu sein, eine halbe Stunde lang ruhig zu sitzen und zu denken, wie er früher gedacht hatte […]. Er war rückfällig geworden, und die Ordnung streckte einen Augenblick lang die Arme nach ihm aus.« Der gute Gott fügt hinzu: »Er war gerettet. Die Erde hatte ihn wieder« (S. 93). Der Richter bricht nun das Verhör ab und entlässt den Angeklagten. Auf die Frage des guten Gottes, wie das Urteil lautet, antwortet der Richter mit Schweigen. Die Anklage wird allerdings aufrechterhalten.

Das Verhör wird beendet

3. Figuren

Nur eine relativ kleine Kerngruppe von sechs Hauptfiguren trägt die Handlung dieses Hörspiels. Zu diesen gehören der gute Gott, der Richter, das Liebespaar Jan und Jennifer sowie die zwei Handlanger des guten Gottes, die Eichhörnchen Frankie und Billy. Mit Ausnahme einer Zigeunerin und des Bettlers Mack, die nur einmal kurz auftreten, dienen die sonstigen Figuren lediglich als typische Gestalten des Lebens in der Großstadt (Zeitungshändler, Polizist, Barmann) oder als Schauplatzkulisse (Portier, Liftboy, Gerichtsdiener, Wärter). Und obwohl sie keine ›Figur‹ im gängigen Sinne sind, spielen die »monoton[en] und geschlechtslos[en]« (S. 5) Stimmen, die durch das ganze Stück hindurch wiederkehren und mit ihren Warnungen an die Liebenden der vom guten Gott vertretenen Ordnung dienen, eine nicht unwesentliche Rolle und werden deswegen in die Liste der Figuren aufgenommen.

Hauptfiguren

■ Verkörperung der modernen Moral

Der gute Gott von Manhattan: Der gute Gott ist die zentrale Gestalt dieser modernen Parabel, und er soll die moralische Ordnung der Gesellschaft verkörpern, die die absolute Freiheit des Individuums in der Liebe nicht dulden kann. Er tritt dabei als schrulliger alter Mann auf, nicht etwa als allwissender Gott. Mit Hilfe seiner Eichhörnchen verfolgt er alle Liebespaare, die in ihrer Beziehung gegen die gesellschaftliche Ordnung verstoßen. Zu Beginn des Stücks tritt er als Angeklagter in einem Mordprozess auf, denn er soll ein Bombenattentat auf ein junges Liebespaar verübt haben.

In seinen Aussagen vor dem Richter verteidigt er die bestehenden gesellschaftlichen Konventionen, die in Bezug auf zwischenmenschliche Beziehungen herrschen. Er rechtfertigt sein gewalttätiges Eingreifen in die Liebesbeziehung der beiden jungen Menschen damit, dass diese aufgrund ihrer sich intensivierenden Liebe gegen die bestehende Ordnung verstoßen hätten und sie somit zu zersetzen drohten.

■ Die Verfolgung von Liebespaaren

Für dieses Attentat muss sich der gute Gott nun vor dem Gericht verantworten, wobei das Verhör im Laufe der Fragen und Antworten langsam zu einem Gespräch zwischen Gleichgestellten wird. Am Ende stellt sich dabei heraus, dass beide im Grunde genommen auf derselben Seite stehen. Auf den Hinweis des Richters, »Es gibt nicht zwei Richter – wie es nicht zwei Ordnungen gibt«, antwortet der gute Gott: »Dann müßten Sie mit mir im Bund sein, und ich weiß es nur noch nicht. Dann war es vielleicht nicht beabsichtigt, mich außer Gefecht zu setzen, sondern etwas zur Sprache zu bringen, worüber besser nicht geredet werden sollte. Und zwei Ordner wären einer.« (S. 82)

■ Im Bund mit dem Richter

In seiner Motivation und Methode hat die Figur des guten Gottes zwei reale kriminelle Vorbilder, die in den 50er Jahren in Deutschland und in den USA für Schlagzeilen sorgten. Als Serienmörder von Liebespaaren weist er Ähnlichkeiten mit dem Mörder Wer-

■ Zeitgenössische Vorbilder des guten Gottes

ner Boost (geb. 1928) auf, der zwischen 1953 und 1956 in der Gegend von Düsseldorf sein Unwesen trieb. Der sogenannte ›Liebespaarmörder‹ wurde 1956 festgenommen und zu lebenslanger Haft verurteilt. Das zweite kriminelle Vorbild war George Metesky (1903–1994), der 1940 und 1941 zunächst zwei Bomben und dann – nach einer auf den Zweiten Weltkrieg zurückzuführenden Pause – zwischen 1951 und 1956 dreiunddreißig Bomben in der Stadt New York legte, allein fünfmal im dortigen Zentralbahnhof, wo sich im Hörspiel Jan und Jennifer kennenlernen.

Vertreter welcher Ordnung?

Der Richter: Diese Figur vertritt die *gesetzliche* Ordnung der Gesellschaft, im Gegensatz zur Funktion des guten Gottes als Vertreter der *moralischen* Ordnung. Wie der gute Gott trägt er keinen Namen, sondern wird durch seine gesellschaftliche bzw. berufliche Stellung identifiziert. In der Rahmenhandlung des Hörspiels spielt er die Rolle eines Erzählers der Binnenhandlung: Ein Großteil der Details der Liebesbeziehung – wann und wie sich Jan und Jennifer kennenlernten, wie sie in immer höhere Stockwerke des Hotels umgezogen sind usw. – wird von ihm aus einem Protokoll vorgelesen. Überraschend an dem Verhör ist nicht nur, dass der Angeklagte nichts an dem Tatbestand des Falles bestreitet, sondern auch, dass der Richter es von vornherein für sinnlos hält, dem Angeklagten Fragen zu stellen, »auf die ich die Antworten schon weiß« (S. 9). Denn der Richter kennt den guten Gott bereits, da dieser schon mehrmals wegen ähnlicher Mordfälle vor dem Gericht erscheinen musste, ohne je verurteilt zu werden. Am Ende des Verhörs wird klar, warum das so ist: Beide scheinen, wie der gute Gott meint, miteinander »im Bund [zu] sein« (S. 82).

Obwohl der Richter den Angeklagten einen »krankhafte[n] Phantast[en]« nennt (S. 81), lässt er sich von den Argumenten des guten Gottes vereinnahmen. Jedoch kann der Richter als Vertreter des Gesetzes den Mörder der zwei Liebenden nicht einfach freisprechen und so dem Ruf des Rechtsstaats schaden. Stattdessen lässt er ihn durch einen Nebenausgang das Gerichtsgebäude verlassen, obwohl die Anklage selbst aufrechterhalten wird. Die Mordfälle werden wahrscheinlich künftig fortgesetzt, was der Richter mit dem Wort »Schweigen« (S. 94) – das letzte Wort des Stücks – zu akzeptieren scheint.

■ Schweigen als Antwort auf den Mord

Jennifer: Sie ist eine amerikanische Studentin der »politische[n] Wissenschaften« (S. 18), die wie Bachmann selbst im August 1955 im Schnellzug von Boston nach New York fährt, um die Stadt zu besichtigen. Sie ist es, die die Beziehung mit Jan initiiert, indem sie ihn im New Yorker Zentralbahnhof anspricht. Sie lässt ihn wissen, dass sie schon in Boston auf einer Universitätsfeier, die er auch besuchte, mit ihm tanzen wollte und ihn auch im Zug nach New York beobachtet habe. Nachdem sie sich in einem kurzen unverbindlichen Gespräch ein wenig kennengelernt haben, einigen sie sich darauf, gemeinsam essen zu gehen.

■ Erste Begegnung der Liebenden im Bahnhof

Jans Brutalität

Schon in der zweiten Szene in einer Nachtbar wird deutlich, dass Jennifer sich von Jan vieles gefallen lässt, darunter auch physische und seelische Quälereien. Nach dem ersten Tanz in der Bar klagt Jennifer: »Meine armen Hände. Meine armen, armen Schultern. Bitte, tu das nicht. Tu mir nichts« (S. 21). Kurz danach kann ihr eine Zigeunerin nicht die Zukunft aus der Hand lesen, weil Jan ihr die Handfläche mit seinen Fingernägeln verletzt hatte.

Jennifers Identitätsverlust

Im Gegensatz zu Jan ist Jennifer empfindlich und übernimmt auch eine entsprechende Rolle in ihrer Beziehung. Mit der fortschreitenden Stärkung und Vertiefung ihrer Liebe ist sie sogar bereit, Jan bedingungslos zu lieben, bis hin zum eigenen Identitätsverlust: »Auf den Knien vor dir liegen und deine Füße küssen? Ich werde es immer tun. Und drei Schritte hinter dir gehen, wo du gehst. Erst trinken, wenn du getrunken hast. Essen, wenn du gegessen hast. Wachen, wenn du schläfst« (S. 84). Ihre Auffassung einer utopischen Liebe schließt den Umgang mit anderen Menschen außer dem Geliebten aus. Als der gute Gott ihr die Paketbombe ins Hotelzimmer liefert, sagt sie zu ihm:

> »Gehen Sie, bitte, weil ich zu niemand reden darf. Ich liebe. Und ich bin außer mir. Ich brenne bis in meine Eingeweide vor Liebe und verbrenne die Zeit zu Liebe, in der er hier sein wird und noch nicht hier ist. […] Gehen Sie endlich. Sehen Sie mich nicht so an. Atmen Sie nicht diese Luft hier.

Ich brauche sie. Ich liebe. Gehen Sie fort von hier. Ich liebe.« (S. 88)

Jan: Er ist ein junger Europäer, der sich als Tourist in Boston und New York aufhält. Von den zwei Liebenden ist er derjenige, der im Lauf der Handlung die größte Wandlung durchmacht. Er wirkt anfangs im Bahnhof eher passiv und desinteressiert, lässt sich dennoch von Jennifer dazu überreden, mit ihr essen zu gehen. Wegen seiner bevorstehenden Abreise per Schiff zurück nach Europa verspricht er sich von seiner Zeit mit Jennifer höchstens eine kurze unverbindliche Sommerfreundschaft, eventuell mit Intimitäten. Da er aber nicht weiß, wann sein Platz auf dem Schiff bestätigt wird und er tatsächlich auch sehr spät benachrichtig wird, bleibt er mehrere Tage mit ihr im Hotel. Während dieser Zeit wachsen in ihm allmählich Gefühle für Jennifer, die über den bloß sinnlichen Genuss hinausgehen.

Das Gespräch von Jan und Jennifer am ersten Abend im Stundenhotel – sie ziehen am folgenden Tag in das schönere Atlantic Hotel um – verrät die anfängliche primitive Natur der Affäre, in der die kalte, fast brutale Seite Jans zum Vorschein kommt. Jennifer zögert zunächst, im schmutzigen Hotelzimmer mit ihm ins Bett zu gehen. Auf ihren Vorschlag, zuerst darüber zu reden und nachzudenken, antwortet Jan brüsk: »Zieh dich aus!« (S. 26), woraufhin Jennifer weinerlich auf ihre durch Jan verletzten Hände hinweist: »Meine armen Hände. [...] Sieh sie dir bloß an« (S. 26). Er entschuldigt sich mit der Bemerkung, dass Jennifer ihn zu dieser groben Behandlung aufgefordert habe. Das Hin und Her zwischen unverbindlicher Zärtlichkeit und emotionaler Kälte kennzeichnet also Jan in dieser frühen Phase der Beziehung, in der er nur an den körperlichen Genuss denkt und ihr zu diesem Zweck den Rat gibt: »Denk nicht daran, mach die Augen zu. [...] Man denkt nämlich nichts mehr dabei, weißt du? In Wahrheit denke ich, daß ich morgen früh aufs Schiffsbüro muß« (S. 27).

■ Unverbindliche Zärtlichkeit und emotionale Kälte

Weil das Schiff am nächsten Morgen nicht zur Abfahrt bereit ist, bekommt Jan ein schöneres Zimmer im 7. Stockwerk des Atlantic Hotels. Mit dem Umzug in ein höher gelegenes Zimmer erreicht auch die emotionale Ebene der Beziehung ein höheres Niveau. Hier scheint Jan seine innere Kälte langsam abzubauen. Er zeigt Jennifer nun die spielerische Seite seines Charakters, wenn er zum Beispiel den Vorschlag macht, mitten in der Nacht einen Bummel zur Brooklyn-Brücke und in die Chinesenstadt zu unternehmen. Doch diese Entwicklung hat immer noch klare Grenzen: Jan weist z. B. darauf hin, dass er nach seiner Rückkehr nach Europa nicht schreiben werde, denn »Meine Gefühle habe ich ausgezogen und zu den Kleidern gelegt« (S. 48). Gleich nach diesem Gespräch kommt ein Telefonanruf mit der Nachricht, dass sein Platz auf dem Schiff bestätigt wurde. Diese Nachricht bildet einen Wendepunkt in Jans Beziehung zu Jennifer, denn er muss sich jetzt entscheiden, ob er geht oder nicht.

■ Umzug ins Atlantic Hotel

Beide packen ihre Sachen und verlassen das Zimmer. Nachdem Jan am Empfang gezahlt hat, merkt er, dass Jennifer nicht mehr neben ihm steht. Dass er ihr nachläuft, zeigt schon, wie er sich entschieden hat. Er findet sie nach kurzer Zeit tatsächlich wieder, verspürt hierüber aber keine Erleichterung, sondern nur Zorn: »Ich sollte dich schlagen vor allen Leuten, schlagen werde ich dich …« (S. 53). Er teilt ihr mit, dass er sie am Hotelempfang nicht abgemeldet, sondern nach einem höher gelegenen Zimmer gefragt hat. In der Tat war ein solches Zimmer noch frei, und zwar im 30. Stockwerk.

■ Erniedrigung Jennifers auf der Straße

In dieser Höhe schreitet der Änderungsvorgang in Jan fort: Er äußert Jennifer gegenüber den Wunsch, sein Leben umzugestalten und ihr in seinen Gefühlen näherzukommen. Erst im 57. Stockwerk erkennt Jan eindeutig, »daß der Kältesee in meinem Herzen zum Abfließen kommt« (S. 75). Das Liebespaar hat nun, so der gute Gott, den »anderen Zustand«, den »Grenzübertritt« (S. 79) erreicht. Im Grunde genommen handelt es sich hier um einen Sinneswandel Jans, denn Jennifer zeigte sich schon vorher bereit, ihn zu lieben. Und als er sich zu seinem neuen Herzenszustand bekennt, reagiert sie einfach mit den Worten: »Endlich. Endlich« (S. 75). Er analysiert diese Veränderungen, wobei er bei seinen Betrachtungen über die Beziehung selbst hinausgeht, indem er sie in Verbindung mit existenziellen Fragen der Vergänglichkeit des menschlichen Lebens und Handelns bringt: »Wer hat geschrien, daß Gott tot ist? Oder gestürzt in die

■ Am Rande des Grenzübertritts

Donnerhallen! Oder daß es ihn nicht gibt. Ist da nicht zu wenig verklagt in der wenigen Zeit? Reißen wir unsere Herzen aus für ein Nichts und um mit dieser jämmerlichen Klage die Leere zu füllen, und stirbst du dafür!« (S. 77 f.). Er will also in seiner Liebe zu Jennifer etwas, »was noch niemals war: kein Ende« (S. 78).

Jan nimmt sich eine Bedenkzeit

Trotz solcher Beteuerungen der Liebe verfällt Jan am Ende der Macht der alten Gewohnheiten. Die Tatsache, dass er weggeht, um seine Schiffskarte zurückzugeben, soll die Echtheit seiner Gefühle für Jennifer signalisieren. Auf dem Weg zum Schifffahrtsbüro zögert er jedoch und nimmt sich eine Bedenkzeit in einer Bar. In einem abschließenden Bericht über den Vorfall notiert der Richter, dass Jan während dieses Abstechers in die Bar zur Welt der alltäglichen Konventionen zurückgekehrt ist: »[…] eine halbe Stunde lang ruhig zu sitzen und zu denken, wie er früher gedacht hatte, und zu reden, wie er früher geredet hatte an Orten, die ihn nichts angingen« (S. 93). Der gute Gott stimmt dieser Auslegung des Richters zu mit den Worten: »Er war gerettet. Die Erde hatte ihn wieder« (S. 93).

Die Erde hat Jan wieder

Tierische Nachrichtenmelder

Frankie und Billy: In den sprechenden Eichhörnchen Frankie und Billy hat der gute Gott zwei teuflische Handlanger, die sich ihrer Rolle bei einer Reihe von Bombenattentaten an Liebespaaren genüsslich erfreuen. Sie übermitteln kryptische Warnungen vom guten Gott an Jan und Jennifer, die wiederholt den Satz enthalten: »Sag es niemand!« (S. 19) – ein Zitat aus dem Goethe-Gedicht *Selige Sehnsucht*, das das Motiv eines Flammentodes enthält –, und liefern ihm wiederum Informationen über die Liebenden. Wie der Richter erklärt, heißt es von den Nagetieren, sie seien »mit dem Bösen im Bund« (S. 10).

Mit dem Bösen im Bund

Die tierischen Hauptleute stellen eine Kuriosität in diesem sonst relativ realistisch dargestellten Hörspiel dar und bieten verschiedene direkte oder symbolische Bezüge zu Vorbildern in der Literatur, Popkultur oder der Mythologie. Die Namen der mörderischen Tiere könnten zum Beispiel eine Anspielung auf die damals populäre amerikanische Ballade *Frankie and Johnny* sein, in der eine Liebesbeziehung mit einer Mordtat endet.[2]

Die »blutrünstigen« (S. 42), aber auch makaber-humoristischen Tiere rücken die Handlung in den Bereich der Tierfabel. Indem sie die Figur des Rumpelstilzchens zitieren – »Ach wie gut, daß niemand weiß« (S. 72) –, wird das Phantastische und Märchenhafte an diesen Figuren hervorgehoben. Ihre groteske Komik steht allerdings im grellen Kontrast zum ernsthaften Ton des restlichen Hörspiels. In der Ursendung wurden zum Beispiel die verkicherten Stimmen der beiden Tiere durch technische Beschleunigung verändert, und ihr ständiges Lachen und kindisch-witziger Dialog sorgt für eine humorvolle Ab-

Märchenhafte Figuren und bizarrer Humor

2 Cecil Brown, »Frankie and Albert/Johnny«, in: *Encyclopedia of African American Popular Culture*, hrsg. von Jessie Carney Smith, Santa Barbara (CA) 2011, S. 542–546.

weichung vom dunklen Vorhaben der beiden.[3] Nach der Explosion, die Jennifer tötet, kann Billy nur an sein Aussehen denken: Er jammert über sein versengtes Fell. Ein weiteres Beispiel stellt die Szene im Zentralpark von New York dar, wo die Eichhörnchen ein schnell zusammengebasteltes Marionettentheater über tragisch endende Liebesgeschichten wie *Romeo und Julia*, *Tristan und Isolde* usw. veranstalten und diese ironisch die »schönsten Liebesgeschichten der Welt« (S. 42) nennen. Während die beiden Eichhörnchen vor der Vorstellung um Publikum werben, schreit Frankie ständig »Zur Hölle mit ihnen« oder »Tot. Zerrissen. Zu Ende!« (S. 43). Dieses Theater soll natürlich als Schreckensbeispiel und zugleich als Warnung dafür dienen, wie alle Liebenden, auch Jan und Jennifer, die der Vorstellung beiwohnen, eventuell enden könnten.

Als Handlanger des guten Gottes teilen die Eichhörnchen sein pessimistisches Weltbild und seinen Zynismus den Liebenden gegenüber. Diese phantastischen Figuren, die beim ersten Blick eher schlecht als recht in das Hörspiel hineinpassen, weisen Ähnlichkeiten zur nordischen Mythologie auf. Als Überbringer der Nachrichten vom guten Gott an die Liebenden erinnern Frankie und Billy an den tierischen

■ Nordische Mythologie als Vorbild

3 Hilde Haider-Pregler, »Ingeborg Bachmanns Radioarbeit. Ein Beitrag zur Hörspielforschung«, in: *Ingeborg Bachmann. L'œuvre et ses situation. Actes du colloque 29, 30 et 31 Janvier 1986*, hrsg. von Jean Paul Barbe und Werner Wögerbauer, Nantes 1986, S. 69.

›Zwietrachtspender‹ der germanischen Mythologie: das Eichhörnchen Ratatosk. Ratatosk läuft auf dem Weltbaum Yggdrasil herauf und herunter, um einen Adler in seinem Horst auf der Baumspitze und eine Schlange unter den Wurzeln des Baums Nachrichten zu liefern und gegeneinander aufzuhetzen. Er ist »Bote zwischen feindlichen Mächten«,[4] genau so wie die Eichhörnchen im Hörspiel Boten sind zwischen dem »Gesetz der Welt« (S. 69) und der Welt der Liebenden. Es mag daher kein Zufall sein, dass der gute Gott die Schauplätze der Liebesutopie in den hohen Stockwerken als »diese Horste« (S. 57) bezeichnet. In ähnlicher Weise wie Ratatosk ergreifen Frankie und Billy auch manchmal selbst die Initiative, um das tödliche Ende der Liebenden schneller herbeizuführen. Das geschieht zum Beispiel, als sie ein Zimmer im 57. Stockwerk des Hotels für Jan und Jennifer freimachen, indem sie den Bewohner durch einen Überfall verschrecken (S. 71) und dem Portier ein Trinkgeld zustecken (S. 72).

Nebenfiguren

Das Hörspiel enthält eine Anzahl von Nebenfiguren, die nur kurz auftreten. Einige, wie der Gerichtsdiener und Wärter im Gerichtssaal, der Portier und der Liftboy im Hotel Atlantic, die Frau im Stundenhotel, der Polizist auf der Straße mit den kleinen Kindern oder

4 Vgl. Peter Beicken, *Ingeborg Bachmann*, München 1988, S. 119.

der Barmann fungieren lediglich als Statisten, die zum Lokalkolorit der jeweiligen Schauplätze des Hörspiels beitragen. Andere Nebenfiguren, die im Folgenden vorgestellt werden, haben hingegen eine bedeutendere Funktion in dem Werk.

- Gegenmacht zum guten Gott
- Transzendierende Figur der individuellen Freiheit

Eine Zigeunerin: Als Gegenspieler des guten Gottes sind weder der Richter noch das Justizsystem im Allgemeinen zu sehen, denn sie sind im Grunde genommen Bestandteile der gesellschaftlichen Ordnung, die der gute Gott verteidigt. Diese Ordnung wird durch das Auftreten und Verhalten einer Zigeunerin ins Wanken gebracht, der eigentlichen Widersacherin des guten Gottes. Die Zeugeunerin symbolisiert die absolute Freiheit, sie ist eine Figur, »die von nirgends herkommt und nirgends zuhause ist und diese Horste begünstigt« (S. 57). Der Hinweis auf das Nest eines Adlers (Horst) deutet in diesem Zitat auf die sich stetig steigernde Liebesekstase von Jan und Jennifer in den jeweils höheren Stockwerken des Hotels hin. Sie lassen die Konventionen des Alltags, die dem Boden zugeordnet sind, hinter sich. Die mysteriöse und doch klischeehafte Figur der Zigeunerin ist »[s]chon nicht mehr zu finden, wo sie eben noch war« (S. 57). Sie taucht einmal plötzlich bei dem Liebespaar auf, vermag aber wegen Jennifers verletzter Handfläche die Zukunft der jungen Frau nicht vorherzusagen, was, da sie scheinbar keine Zukunft hat, auf deren kommenden Tod vorausdeutet. Zu Jan hingegen sagt sie, ohne auf seine Hand zu blicken: »Sie werden lange leben, junger Herr, und Sie werden nie vergessen« (S. 22).

Ein Bettler: Am ersten Abend in New York begegnen Jan und Jennifer einem Bettler namens Mack, der in der »Bettlerstadt« (S. 24) New Yorks lebt. Sein Name ist eine Anspielung auf die zentrale Figur aus Bertolt Brechts *Die Dreigroschenoper* (1928), Mackie Messer. Macks kurzer Monolog über das Schicksal der Armen in der Stadt New York dient als gesellschaftskritischer Blick hinter die Kulisse des Status quo, den der gute Gott verteidigt. Mack ist eines der Opfer dieser Ordnung: »Eingegangen in die schmerzensreiche Stadt und in die immerwährende Qual, verloren unter Verlorenen« (S. 24).

Opfer der gesellschaftlichen Ordnung

Als Jennifer ihm ihr ganzes Geld – nur zwei Dollar hat sie bei sich – und ihren Schal anbietet, lehnt er ab mit den Worten: »Wir sind zu viele hier, Fräulein, in der Bettlerstadt. Haben keine Farbe. Neiden den Weißen und Schwarzen die Haut. Endstation Bowery« (S. 23 f.).

Wie Brechts Stück kritisiert Bachmann hier die wirtschaftlichen Umstände, die für die Armut zahlreicher Menschen verantwortlich sind. Und der Hinweis auf den damals ärmsten Stadtteil New Yorks (Bowery) als »Endstation« impliziert den Tod für alle, die sich der wirtschaftlichen Ordnung – hier dem Kapitalismus – nicht anpassen. In seiner Beschreibung der »Stadt der Städte« (S. 34) lenkt der gute Gott den Blick auch auf diese wirtschaftliche Macht, der Mack

Bachmanns Kapitalismus-Kritik

und die anderen Bettler zum Opfer gefallen sind: »In allen Senkrechten und Geraden der Stadt war Leben, und der wütende Hymnus begann wieder, auf die Arbeit, den Lohn und größren Gewinn« (S. 33). In gewisser Hinsicht bildet Mack eine Parallele zu dem Liebespaar, und spezifisch zu Jennifer, die sich auch mittels der Liebe aus dem vorherrschenden Gesellschaftsgefüge herausziehen will, und mit dem Tod bestraft wird.

Stimmen (*»ohne Timbre, ohne Betonung, klar und gleichmäßig«*, S. 15): Im Dienst der »großen Macht« (S. 80) gesellschaftlicher Konventionen werden die Mahnungen an die Liebenden nicht nur per Brief von den Eichhörnchen geliefert, sondern auch von anonymen »Stimmen« (S. 5) überbracht. Bei ihren Schritten hin zur absoluten Liebe, wird das Liebespaar von diesen Stimmen begleitet, die mit einer Mischung aus Alltagswendungen, Werbesprüchen, Wetterberichten sowie Gemeinplätzen, wie »DU KANNST ES NICHT MIT DIR NEHMEN« (S. 61) oder Ratschlägen für ein glückliches Leben wie »GRINS UND ERTRAG ES« (S. 82) an die allgegenwärtige und allumfassende Ordnung der Dinge erinnert. Besonders deutlich sind die Stimmen noch in den dem Boden näher gelegenen Stockwerken im Hotel (im Erdgeschoss und im 7. Stockwerk) zu hören.

Die Stimmen der Alltagsordnung

Eingebettet in diese wirre Sammlung von nicht zusammenhängenden Worten und kurzen Sätzen ist eine leitmotivische Botschaft, die sich an Jan und Jenni-

Eine warnende Botschaft

fer richtet: »DENK DARAN« oder »DENK DARAN SOLANGE ES ZEIT IST« (u.a. S. 49). Doch die jungen Menschen achten nicht darauf oder nehmen die Botschaft einfach nicht als für sie relevant zur Kenntnis. Zudem wirken die Stimmen um so schwächer, je höher die Liebenden im Hotel aufsteigen, wie der gute Gott dem Richter erklärt: »Oben ist die Luft dünner. Die Geräuschwellen gleiten ab an den Mauern« (S. 56). Und in der Tat tauchen die Stimmen im Stück gar nicht mehr auf, als Jan und Jennifer ein Zimmer im 30. oder 57. Stockwerk beziehen.

Schon in ihrem ersten Hörspiel *Ein Geschäft mit Träumen* (1952) bediente sich Bachmann des Kunstgriffs, anonyme Stimmen einzusetzen, die eine versteckte Kritik übermitteln. In jenem Stück waren es die Stimmen von Passanten auf einer Einkaufsstraße in Wien, die sich nur für Skandalberichte aus den Illustrierten, den alltäglichen Klatsch oder grausame Mordfälle interessieren. Kritisiert wurden hier die Massenmedien, die mit der Verbreitung banaler Themen die Verdummung der Gesellschaft vorantreiben. Ein ähnliches Mittel verwendet Bachmann im Hörspiel *Der gute Gott von Manhattan*, in dem die Worte der Stimmen zu einem beträchtlichen Teil aus banalen Wendungen und klischeehaften Floskeln der Alltagssprache bestehen. Zugleich verweisen die Stimmen, abgesehen von den verschlüsselten Warnungen an Jan und Jennifer, auch auf verschiedene Themen mit apokalyptischem Vorzeichen: Atomkrieg (»RAKETEN SPRITZIGER BOMBEN FÜLLIGER / SCHWE-

■ Vorbilder der Stimmen

■ Apokalyptische Bilder

RES WASSER RUCHBARER«, S. 82), Unwetter (»[Hurrikan] DIANA ZWEIHUNDERTSTUNDENKILOMETER / IM KOMMEN WIE NIE ZUVOR«, S. 49; »ERDBEBEN LEICHTER SICHERER«, S. 15), Krieg (»WEITERGEHEN FREIWILLIGE VOR / SCHAKALE UND WÖLFE NACH«, S. 61) oder einfach Gewalt (»UNTER SCHLÄGEN STEIGEN UND SINKEN«, S. 82; »WAS SOLLEN SICH UNSRE MÖRDER DENKEN«, S. 15).

Bachmanns Gedicht *Reklame*

Ein direktes Vorbild der Stimmen ist das 1956 entstandene Gedicht *Reklame*, das auf Bachmanns Erlebnissen in den USA basiert. In diesem Gedicht wechseln pessimistisch anmutende mit kursiv gedruckten Zeilen positiveren Tons ab:

»Wohin aber gehen wir
ohne sorge sei ohne sorge
wenn es dunkel und wenn es kalt wird
sei ohne sorge
[...]
und wohin tragen wir
am besten
unsere Fragen und den Schauer aller Jahre
in die Traumwäscherei ohne sorge sei ohne sorge
was aber geschieht
am besten
wenn Totenstille
eintritt«[5]

5 Ingeborg Bachmann, *Werke*, Bd. 1, hrsg. von Christine Koschel, Inge von Weidenbaum und Clemens Münster, Mün-

Kritisiert wird in dem Gedicht wie im Hörspiel die Funktion der Werbung in der Konsumgesellschaft, deren Botschaften von einer manchmal unangenehmen Realität ablenken soll –»*ohne sorge*« –, um die Ruhe und Ordnung mit allen Mitteln zu bewahren –»*am besten* / wenn Totenstille / eintritt«.

Ein Zeitungsverkäufer: Diese Figur trägt ebenfalls zur Nachzeichnung des Lokalkolorits der Stadt bei. Die Schlagzeilen jedoch, die der Zeitungsverkäufer ausruft (»Treffen der Veteranen / Treffen der Hammel / Treffen der alten Trommler«, S. 51), sind mit Ausnahme der ersten, die mit dem Thema Krieg zu tun hat, eher Unsinn. Bachmann übt hier, wie in ihren beiden früheren Hörspielen, *Ein Geschäft mit Träumen* (1952) und *Die Zikaden* (1955), Kritik an den Massenmedien und insbesondere der Boulevardpresse, die oft triviale und sinnlose Themen in Schlagzeilen verwandelt.

Bachmanns Medienkritik

chen 1978, S. 114. – © 1978 Piper Verlag GmbH, München. (Weitere Zitate aus den *Werken* werden in den Anmerkungen unter dem Titel »Werke« mit Band und Seitenzahl angeführt.)

4. Form und literarische Technik

Gattung

Vor dem Siegeszug des Fernsehens in den 60er Jahren erreichte der Rundfunk von allen Medien das größte Publikum mit aktuellen Nachrichten, Musik, Hörspielen und populären Unterhaltungssendungen. Kulturell restaurative wie modernistische Tendenzen vermischten sich in den kulturellen Programmen der Sender und erzeugten eine neue Medienlandschaft mit unterschiedlichen kulturellen Impulsen und Formen.

Ingeborg Bachmann war zwischen 1951 und 1953 als Redakteurin und Script Writer des amerikanischen Besatzungssenders Rot-Weiß-Rot in Wien an diesen neuen Impulsen erheblich beteiligt. Sie wurde in Radiotechnik und im Schreiben für den Rundfunk gründlich ausgebildet und lernte unter anderem die funkgerechte Verwendung von Dialog, akustischen Effekten, Klangkulissen und Musik-Brücken, die sie in erfolgreichen Sendungen wie *Die Radiofamilie* sowie in einer Anzahl von Bearbeitungen literarischer Texte umsetzte.

■ Bachmanns Ausbildung im Rundfunk

Bachmanns literarische Hörspiele – *Ein Geschäft mit Träumen* (1952), *Die Zikaden* (1955) und *Der gute Gott von Manhattan* (1958) – erschienen während der Blütezeit dieser Gattung im deutschsprachigen Raum, deren Popularität nicht nur auf die technisch-künstlerische Qualität der Hörspiele zurückzuführen war, sondern auch auf ihre symbolische Behandlung heikler zeithistorischer Themen der NS-Zeit und des Kalten Krieges. Zu den beliebtesten Motiven des Hörspiels nach 1945 gehörte das Gerichtsverfahren, das in symbolischer Form fiktionale Fragen von Schuld und Sühne behandelte und dabei indirekt auf die Verbrechen der jüngsten Vergangenheit hinwies. Sicherlich schwingt dieser thematische Aspekt in Bachmanns Stück mit, vor allem in der Verbindung von Gewalt und Gesellschaft.

Das deutsche Hörspiel nach 1945

Zur Gattung des Hörspiels bemerkte Bachmann 1965 in einem Interview, die wichtigsten Szenen eines Hörspiels »beginnen jeweils dort, wo sonst der Vorhang fällt«.[6] Und in einem weiteren unveröffentlichten Interview aus dieser Zeit, vermutlich für den Bayerischen Rundfunk, geht sie ausführlicher darauf ein, was ein Hörspiel kennzeichnet:

»Es ist leicht gesagt: es muss zum Hören gemacht sein. Daher schien es mir, muss es sich sehr weit entfernen von einem Bühnenstück. Es muss Gesten, Gesichter, Kostüme, Abgänge, Auftritte und den Vorhang entbehren können. Es muss alles mit Worten sagen und mit Worten verschweigen können. [...]. Das Hörspiel hat eine Innenbühne, einen Innenraum, der dem Zuhörrenden [sic] offenstehen soll, damit er hineinhören kann. Er kennt diese Bühne, er kennt diesen Raum. Er trägt ihn ja in sich. Vor allem gibt es Bezirke, wo das Zeigen nicht hinkommt. Daher habe ich meistens versucht, den Dia-

Die ›innere Bühne‹ des Hörspiels

6 Bachmann (s. Anm. 1), S. 56.

log dort anfangen zu lassen, wo er auf der Bühne aufhören muss.[7]

Aufgrund dieser Verlegung der Haupthandlung auf die ›innere Bühne‹ der Empfindungen der Liebenden könnte man behaupten, Bachmanns Stück sei auch von einer gewissen Verinnerlichung gekennzeichnet, die für das Hörspiel der Nachkriegszeit auch typisch war. In dieser Art von Hörspiel spielt die Handlung oft in einer Traumwelt, wie zum Beispiel in Günter Eichs berühmtem Hörspiel *Träume* (1951) und Bachmanns erstem Hörspiel *Ein Geschäft mit Träumen* (1952), oder in surrealistischen Alpträumen, wie in Wolfgang Borcherts Hörspiel *Draußen vor der Tür* (1947). Bachmanns letztes Hörspiel *Der gute Gott von Manhattan* kann man jedoch nur schwerlich dieser Kategorie des Hörspiels zuordnen, denn mit Ausnahme der phantastischen Figuren der Eichhörnchen spielt sich das innere Drama der Liebenden sowie die Gerichtsverhandlung in der wirklichen Welt ab, wo auch die Schauplätze reale Orte sind.

Aufbau

■ Zwei parallele Handlungsstränge

In einer lockeren Reihe von Szenen, die zwischen dem Gerichtssaal und den verschiedenen Stationen der Liebesbeziehung abwechseln, verläuft die Handlung des Stücks in zwei parallelen Handlungssträngen. Die Antagonisten des Hörspiels sind der gute

7 Tondokument aus der Sammlung von Franz Hiesel, Wien. Zitiert nach Haider-Pregler (s. Anm. 3), S. 33–34.

Gott von Manhattan, Personifizierung eines allmächtigen Prinzips gesellschaftlicher Herrschaft auf der einen Seite, und Jan und Jennifer, ein leidenschaftliches Liebespaar, dessen »andere[r] Zustand« (S. 79) ekstatischer Erotik die Stabilität des Systems bedroht auf der anderen Seite.

Der konventionellen Struktur einer Rahmenerzählung gemäß tritt am Anfang der gute Gott im Gerichtssaal auf, um von einem Richter wegen eines Mordanschlages verhört zu werden, bei dem eine junge Frau – Jennifer – umgekommen ist. In Rückblenden erzählt der gute Gott, wie und warum es zum Attentat kam und warum es aus seiner Sicht notwendig war. In gewisser Hinsicht hat man es hier eigentlich mit einem doppelten Gerichtsverfahren zu tun, denn der gute Gott muss sich einerseits wegen des Mordes vor dem Gericht verantworten, während er andererseits früher – quasi in einem zweiten Gerichtsverfahren – gegen Jennifer und Jan ermittelt und sie zum Tode verurteilt hatte.

■ Ein doppeltes Gerichtsverfahren

Die primäre Handlung im Stück besteht also in der Entwicklung der Liebesgeschichte, während das Verhör als Rahmen der Liebesgeschichte nur eine sekundäre Handlung darstellt. Die beiden Schauplätze der Handlung vertreten die beiden feindlichen Welten, die sich im Stück gegenüberstehen: die Welt der Liebenden, die sich weitgehend im Hotel und im Dialog der Liebenden abspielt, und die »verkrustete« (S. 38) Welt der gesellschaftlichen Ordnung, die dem Alltag der Menschen zugrunde liegt. Letztere Welt lernt der

■ Die zentrale Handlung: die Liebesgeschichte

■ Die feindlichen Welten: Ordnung vs. Liebe

Leser vor allem durch die Bemerkungen und Kommentare des guten Gottes vor dem Richter kennen, aber auch die kurzen Auftritte der Eichhörnchen offenbaren auf skurrile Weise die gewalttätige Seite dieser Ordnung. Die gegensätzlichen Welten kommen durch die Figuren der Eichhörnchen, die mit ihren Briefen vom guten Gott zu den Liebenden Kontakt aufnehmen, miteinander in Berührung. Auch die anonymen Stimmen repräsentieren die Ordnung des guten Gottes, indem sie Warnungen und Mahnungen für das Liebespaar wiederholen.

In der Entwicklung der Spannung zwischen der Welt des guten Gottes und der der Liebenden gibt es drei wesentliche Wendepunkte, wobei jeweils die Figur von Jan eine zentrale Rolle einnimmt. Nach einer Nacht im 7. Stockwerk des Hotels scheint das Liebesabenteuer zwischen Jennifer und Jan zu Ende zu sein, zumal Jan eine telefonische Bestätigung seines Platzes auf dem Schiff bekommt. Während er sich am Empfang anscheinend abmeldet, verlässt Jennifer das Hotel in der Annahme, dass Jan nun mit dem Schiff abreisen will. Dass er sie stattdessen dann doch auf der Straße sucht und findet und sie ins Hotel zurückholt – diesmal in ein Zimmer im 30. Stockwerk –, ist eine unerwartete, ominöse Entwicklung.

■ Erster Wendepunkt der Handlung

■ Zweiter Wendepunkt

Ein zweiter Wendepunkt ist darin zu sehen, dass Jan seine bisher zynische Haltung bezüglich einer tieferen Liebesbeziehung mit Jennifer ziemlich plötzlich abwirft und von seiner Unzufriedenheit mit sich selbst spricht: »[…] ich möchte in mir den Bau niederreißen, der Ich bin, und der andere sein, der ich nie war« (S. 68). Diese Selbsterkenntnis versteht der gute Gott als Eintritt in die letzte Phase des »andere[n] Zustand[s]« (S. 79), die sich gleich darauf im 57. Stockwerk vollziehen wird. Jan spricht nun nicht mehr so sehr von sich als von seiner Liebe zu Jennifer.

Dritter Wendepunkt

Der letzte Wendepunkt ist innerhalb Bachmanns Werk wohl am typischsten, wenn es um die Liebe geht: Der Mann zieht sich aus der Beziehung zurück, und das gerade an jenem Höhepunkt, an dem alles auf den dauerhaften Fortbestand der Liebe hindeutet. Das heißt, Jan verlässt die zeit-, raum- und gesellschaftslose Dimension der utopischen Liebe in der Höhe des 57. Stockwerks und kehrt zur Erde und zum Alltag zurück, indem er sich alleine in die Bar begibt (siehe Kapitel »Interpretationsansätze«, S. 97).

Sprache

Die Sprache der beiden Welten

Es gibt in diesem Stück verschiedene Arten von Sprache, die die Unterschiede zwischen den zwei Welten des Stücks veranschaulichen sollen. Der gute Gott, der eine Welt »im Gleichgewicht und in der Ordnung« (S. 81) bewahren will, spricht bis kurz vor dem Ende des Stücks sehr sachlich und nüchtern mit dem Richter,[8] während Jennifer und Jan von Anfang an

8 Haider-Pregler (s. Anm. 3), S. 70, verweist auf die unterschiedlichen Sprechweisen des guten Gottes in den beiden Ursendungen. Im Gegensatz zu dem reservierten Ton der Hauptfigur in der Produktion vom SWF, spricht der gute Gott

sich einer emotionalen und poetisch-bildhaften Sprache bedienen.

Die anonymen Stimmen stehen sprachlich teilweise außerhalb des Gegensatzes zwischen dem Idiom der Ordnung und dem der Liebe. Sie geben zwar die kollektive Weisheit der alltäglichen Ordnung wieder, indem sie die Sprache der Massenmedien und der Werbeindustrie sowie klischeehafte Redewendungen verwenden, sind jedoch zugleich manchmal undurchsichtig und auf den ersten Blick ohne direkten Bezug zur Handlung.

■ Die Sprache der Eichhörnchen

Klar und ohne jede Ambivalenz ist hingegen die Sprache der Eichhörnchen Frankie und Billy. Sie benutzen eine witzig-groteske Ausdrucksweise, die der Sprache eines Disney Cartoons der 50er Jahre ähnelt. Ihre wiederholten Hinweise auf das Märchen *Rumpelstilzchen* – »Ach wie gut, daß niemand weiß« – zeigen, dass sie vor allem als märchenhafte Figuren zu verstehen sind. Sie sollen hier die bösen Triebe der gesellschaftlichen Ordnung – u.a. Mordlust, Fresserei, Eitelkeit und Rache – darstellen, die der gute Gott vertritt. Und sie drücken mit ihrer einfachen Sprache das aus, was der gute Gott sich nicht eingestehen möchte, wenn er zum Beispiel meint: »Mordlust ist mir fremd« (S. 60).

■ Verkörperung elementarer Triebe

■ Aufbau des Stückes

Bachmann erklärte 1971 in einem Interview, das Hörspiel sei »ein sehr rational aufgebautes Stück, in

in der Produktion vom NDR/BR in einem zornigen und temperamentvollen Ton.

dem sehr genaue Dinge stehen«.[9] Das gilt insbesondere für die Sprache dieses Stücks. Obwohl die poetischen Wendungen und Bilder dieses Werkes manchmal schwer zu verstehen sind, wie die Jury des Hörspielpreises der Kriegsblinden notierte, will die Autorin mit dieser metaphernreichen Sprache den inneren Bereich der Empfindungen zum Ausdruck bringen. Es wird also ein klares Ziel verfolgt. Diese Sprache ist somit keine experimentelle, die sich auf neue Formen konzentriert, vielmehr will sie vor allem einen Sinn vermitteln.

Jans Sprachgebrauch

Bevor sich Jan diese »neue[] Sprache« (S. 85) der utopischen Liebe aneignet, spricht er in einem aggressiven und manchmal zynisch anmutenden Ton, der die herrschende Ordnung der Welt widerspiegelt. Er provoziert Jennifer mit seinen Wortspielen und Kommentaren, aber sie antwortet meist liebevoll auf eine naive und selbstlose Weise, als hätte sie die beleidigende Absicht seiner Worte nicht verstanden. Sie hofft, ihn mit einem solchen Verhalten umzustimmen und in ihm Liebesgefühle zu wecken. Doch sein Charakter scheint das letztlich nicht zuzulassen: Seine Liebeserklärung im 57. Stockwerk erweist sich schließlich als falsch oder seine Liebe ist zumindest zu schwach, als dass er der Versuchung des Gewohnten aus seinem bisherigen Leben widerstehen kann. Und seine schönen und überschwänglichen Worte über die Liebe, die »Gegenzeit« (S. 78) oder eine Beziehung

9 Bachmann (s. Anm. 1), S. 86.

ohne Ende stellen sich lediglich als emotionale Phrasen heraus. Im Gegensatz zu der naiven und konsequenten Offenheit von Jennifers Sprache besteht also in der Sprache Jans eine unüberbrückbare Kluft zwischen dem, was er behauptet, und wie er tatsächlich handelt.

Stil

■ Erzählerische Techniken im Stück

Die erzählerischen Techniken im Hörspiel, insofern man in einem dramatischen Stück vom Erzählen reden kann, sind im Wesentlichen konventionell. Nur im Gespräch zwischen dem Richter und dem guten Gott werden stellenweise Informationen aus der Gerichtsakte über den Verlauf der Liebesbeziehung vorgelesen. Im Dialog zwischen Jennifer und Jan hingegen gibt es keine solchen Einschübe.

■ Zwei Zeiträume im Stück

Im Stück werden zwei verschiedene Zeiträume dargestellt: die Gerichtsverhandlung, die in kaum mehr als einer Stunde abgeschlossen ist, und die Liebesgeschichte, die etwa fünf Tage umfasst. Schon in der ersten Szene des Stücks im Gerichtssaal erfährt der Leser, dass Jennifer durch einen Bombenanschlag getötet wurde, während Jan unmittelbar danach mit dem Schiff nach Europa zurückgekehrt ist. Im Hin und Her des weiteren Gesprächs zwischen dem Richter und dem Angeklagten wird ein psychologisches Profil der Liebenden aus der Perspektive des guten Gottes – das heißt, vom Standpunkt der bestehenden gesellschaftlichen Ordnung her – aufgestellt, das zu erklären versucht, wie diese Liebe zum Ausnahmefall geworden ist.

Im anderen Handlungsstrang wird im Dialog zwischen Jennifer und Jan der Entwicklungsgang der Liebesbeziehung aufgerollt. Im Gegensatz zum abgeschlossenen Bericht, den der Richter aus der Fallakte vorliest, oder zu den rückblickenden Bemerkungen des guten Gottes, wirkt der Dialog der Liebenden als erlebte Gegenwart.

■ Der Dialog der Liebenden als erlebte Gegenwart

Jennifer und Jan besuchen im Verlauf ihrer Liebesgeschichte mehrere Orte, was jedoch im Hörspiel nicht ausführlich dargestellt wird. Vielmehr werden ihre Spaziergänge durch die Stadt in einer Beschreibung zusammengefasst. Die Darstellung der fünf Tage dauernden Affäre erfolgt in geraffter Form. An einer Stelle liest der Richter zum Beispiel aus den Akten vor:

■ Geraffte Darstellung der Liebesbeziehung

> »Nun gut. Die beiden verließen also nach dem Telefonat die Cafeteria und begaben sich mit der Untergrundbahn in die 125. Straße nach Harlem. Sie besuchten dort eine Bar, in der sie zum Andenken zwei Plastikquirls mitnahmen, und zuletzt eine Kirche, aus der sie zwei Pappfächer mit Darstellungen aus dem Leben der heiligen Katharina von Siena entwendeten. In einem Grammophongeschäft wurden sie dabei getroffen, wie sie in Gesellschaft einiger Neger populäre Musikstücke anhörten, worauf sie sich, dem Rat eines Reisebüros folgend, in die Lexington Avenue begaben und ein Zimmer im Atlantic Hotel bezogen.« (S. 34)

Auch die im Rahmen des Verhörs angeführten Bemerkungen des guten Gottes zur Entstehung und Entwicklung der Liebesbeziehung von Jennifer und Jan dienen dazu, die Aktivitäten und Gespräche der Liebenden zusammenfassend darzustellen. Doch im Gegensatz zu der sachlichen Berichterstattung des Richters nehmen die Kommentare des guten Gottes im Verlauf des Hörspiels einen immer heftigeren Ton an. Sie bilden hierin eine sprachliche Parallele zu dem sich emotional steigernden Dialog zwischen den Liebenden. Und in dem Moment, in dem Jan seine leidenschaftliche Liebeserklärung äußert, kontert der gute Gott mit seinem bitteren Todesurteil: »Ja, auffliegen müssen sie, spurlos […]« (S. 86). Beide Handlungsstränge treffen am Ende in sich steigernder Leidenschaft und Euphorie aufeinander: Jan und Jennifer in der Liebe, und der gute Gott in seinem Blutrausch.

■ Sich steigernde Emotionalität

Ein besonderes Stilmittel im Stück ist auch der Gebrauch von Leitmotiven. Gleich am Anfang der Liebesgeschichte, als Jennifer und Jan sich im Bahnhof kennenlernen, gibt es in den Anweisungen zur Szene einen Hinweis auf eine Melodie, die der Nussautomat von sich gibt und »*die noch öfter zu hören sein wird*« (S. 18). Die Nussautomaten enthalten das Futter für die Eichhörnchen, die Handlanger des guten Gottes. Wenn die Melodie erklingt, wird auf deren ständige Gegenwart hingewiesen. Ein interessanter Aspekt ist auch, dass Jan und Jennifer wie die Eichhörnchen von diesen Nüssen essen, was man als Hinweis darauf betrachten könnte, dass auch sie der Macht des guten

■ Leitmotive im Stück

Gottes, das heißt, der weltlichen Ordnung unterstellt sind.

Die Eichhörnchen und auch die anonymen Stimmen lassen sich als Träger bzw. Übermittler von Leitmotiven betrachten, indem sie wiederkehrende Mahnungen übermitteln. Beispielsweise begleitet die Warnung in den Briefen der Eichhörnchen – »Sag es niemand!« (S. 19) – die Liebenden durch jede Etappe der Beziehung. Und auch die etwas subtiler abgefasste Warnung der anonymen Stimmen – »DENK DARAN« (u. a. S. 49, 51, 90) – taucht in mehreren leicht variierten Formen regelmäßig auf.

Alle drei Leitmotive dienen dem Zweck, auf die allgegenwärtige Macht der gesellschaftlichen Ordnung im Leben des Individuums hinzuweisen, von der es kein Entkommen gibt.

5. Quellen und Kontexte

Nach ihrer Rückkehr aus den USA im August 1955 verarbeitete Bachmann ihre Erlebnisse dort in einer Reihe von Gedichten mit Titeln wie *Reklame*, *Harlem* und *Toter Hafen*. Zudem begann sie im Frühjahr 1957 mit der Arbeit an einer »balladesken Liebesgeschichte« mit dem Arbeitstitel *Manhattan-Ballade*, in der sie »[d]as geheimnisvolle Dasein Manhattans« darstellen wollte.[10] Das Hörspiel hat eine mögliche Vorlage in einer um diese Zeit verfassten unvollendeten Erzählung, die in einer frühen Fassung den Titel *Prozeß einer Liebe* trug.[11]

Mögliche Vorlagen des Hörspiels

Der historische Kontext

Obwohl zeitpolitische Themen in diesem Hörspiel nicht sofort auffallen, wurde das Stück stark durch die politischen Erlebnisse der Autorin in den 50er Jahren geprägt. Während des Zweiten Weltkriegs und in der unmittelbaren Nachkriegszeit lernte Bachmann als junge Frau schnell, wie Politik und Machtverhältnisse das Leben des Individuums beeinflussen und einschränken. Als sie im Herbst 1946 nach Wien kam, um dort Philosophie zu studieren, lernte sie den Autor und Kritiker Hans Weigel (1908–1991) kennen, der sie bis 1953 als Mentor förderte. Obwohl er ihr von

10 Ebenda, S. 24.
11 Sigrid Weigel, *Ingeborg Bachmann. Hinterlassenschaften unter Wahrung des Briefgeheimnisses*, Wien 1999, S. 224.

jeglicher öffentlichen politischen Stellungnahme abriet, war er selbst in Österreich und Deutschland als Kalter Krieger und Antikommunist bekannt, was der jungen Bachmann Einblicke in die politische Landschaft der damaligen Zeit bot. Zwischen September 1951 und Juli 1953 lernte sie als Redakteurin des US-Propagandasenders Rot-Weiß-Rot auch aus erster Hand die Auswüchse der damaligen Propagandaschlacht zwischen West und Ost im Kalten Krieg kennen. Als eine der drei MitautorInnen der humoristischen Sendereihe *Die Radiofamilie* lernte sie, für das Radio zu schreiben, und insbesondere auch, wie man indirekt heikle politische und soziale Themen anschneidet.

Bachmann und der Kalte Krieg

Gegen Ende der 50er Jahre, nachdem sie Wien und Weigel verlassen hatte, begann für Bachmann eine Phase des öffentlichen politischen Engagements. 1958 wurde sie Mitglied des Komitees gegen die Atomrüstung, und zusammen mit anderen Autoren der *Gruppe 47* unterschrieb sie ein Protestplakat gegen die Stationierung von nuklearen Waffen in Deutschland. In den 60er Jahren protestierte sie offen unter anderem gegen den Krieg in Algerien und den Vietnamkrieg. Symbole und Motive dieser damals besonders brisanten Themen sind auch im Hörspiel zu finden, wenn auch nur in subtiler Gestaltung: Der gute Gott beschreibt Jan und Jennifer zum Beispiel mit Bildern des Atomkriegs: »Ja, auffliegen müssen sie, spurlos, denn nichts und niemand darf ihnen zu nah kommen. Sie sind wie die seltenen Elemente, die da und dort ge-

Bachmanns politisches Engagement

funden werden, jene Wahnsinnsstoffe, mit Strahl- und Brandkraft, die alles zersetzen und die Welt in Frage stellen« (S. 86). Auch die anonymen Stimmen in dem Stück verweisen mit Wendungen wie die »ROTE« Gefahr (d. h. der sowjetische Kommunismus) und die »GELBE GEFAHR« (d. h. die chinesische Variante des Kommunismus, der Maoismus) (S. 15) auf gängige klischeehafte Phrasen des Kalten Krieges im Westen. All das gehört zur Stimmung und Spannung des Hörspiels.

Eine nicht weniger bedeutende Verbindung zwischen dem Kalten Krieg und dem Stück *Der gute Gott von Manhattan* geht auf Bachmanns Erfahrung im Sommer 1955 in den USA zurück. Als Teilnehmerin des von Henry Kissinger organisierten Harvard International Summer Seminar in Cambridge [Boston], Massachusetts, lernte sie zum ersten Mal die USA kennen. Die Teilnehmer des Seminars unternahmen Mitte August einen Wochenendausflug nach New York, wo Bachmann eine Vielfalt von Eindrücken gewann, die sie in das Hörspiel *Der gute Gott von Manhattan* einbaute. Das Ziel des Harvard Seminars war es, »Personen zwischen fünfundzwanzig und vierzig Jahren, die auf dem Weg zu Führungspositionen in ihren Heimatländern sind, Amerikas grundlegende Werte« – den sogenannten ›American Way of Life‹ – nahezubringen.[12] Das Hörspiel liest sich an einigen Stellen wie eine Kritik an diesem Ethos und an dem

12 »Harvard Summer School International Seminar Annual Reports«, S. 2. Zitiert nach Sara Lennox, »Hörspiele«, in:

bekanntesten Symbol seiner Exzesse, der Stadt New York. Die Figur des guten Gottes könnte dabei zum Beispiel in seiner Funktion als Verteidiger der bestehenden Ordnung nach dem Vorbild des Organisators und Leiters des Harvard Seminars, Henry Kissinger, gestaltet worden sein, den Bachmann persönlich kannte. Kissinger, der in den 70er Jahren US-Außenminister war, bemühte sich in diesem Amt, die nach 1945 nach amerikanischem Vorbild geprägte politische und wirtschaftliche Weltordnung aufrechtzuerhalten. Sicherlich hatte sich Bachmann schon vor ihrer US-Reise aufgrund ihrer Arbeit bei den Amerikanern in Wien ein gewisses Bild von diesem Land gemacht. Jedoch waren es die Erlebnisse in Boston und New York, die das in dem Hörspiel gezeichnete Amerikabild stark prägten.

Kissinger als Vorbild des guten Gottes?

Liebe und Utopie

Als Gegenbild zu den Missständen der modernen gesellschaftlichen Ordnung entwickelt Bachmann in ihrem Hörspiel eine positive Vorstellung der menschlichen Freiheit, die sich in erster Linie im privaten Bereich in individuellen Empfindungen entfaltet. Der erste Versuch, in ihrem Schaffen eine Liebesutopie zu thematisieren, erfolgt schon während ihrer Wiener Jahre (1946–53) und erreicht 1958 einen dichterischen Höhepunkt in ihrem letzten Hörspiel. Die erste lite-

Utopische Liebe im Frühwerk Bachmanns

Bachmann-Handbuch. Leben – Werk – Wirkung, hrsg. von Monika Albrecht und Dirk Göttsche, Stuttgart 2013, S. 92.

rarische Darstellung einer euphorischen Liebe in ihrem Werk findet man in dem 1945–46 entstandenen Text *Briefe an Felician*, der aus Liebesbriefen der Autorin an einen fiktiven Geliebten besteht, wobei hier die Problematik einer solchen Liebe in der Gesellschaft nur im Ansatz vorkommt. Die Autorin der Liebesbriefe schildert zwar einen ekstatischen Zustand – die verliebte Frau geht »von einem Licht ins andere« und »durch den Garten des Paradieses«[13] zu dem Geliebten –, wird jedoch wegen der verführerischen Anziehungskraft des alltäglichen Lebens von Zweifeln an dessen Dauerhaftigkeit geplagt. In Anlehnung an den *Faust*-Topos von der gespaltenen Seele identifiziert sie in sich eine Spannung zwischen der Liebe und dem Leben, die auch im Hörspiel erneut thematisiert wird: »Zwei Menschen sind in mir, einer versteht den andren nicht. Ich fürchte, den das Leben so alles liebenden sehr. Er wird übermächtig. Und ich weiß, daß doch für den andren die Zeit kurz werden könnte«.[14] Knapp zwei Jahre später schreibt Bachmann in einem Brief an ihren Mentor Hans Weigel in ähnlichem Sinne, dass sie in ihrem Leben als Dichterin vor einer schwerwiegenden Entscheidung steht: »Dichten und Leben scheinen überhaupt zwei ›Seinsweisen‹ zu sein, die einander weitgehend ausschließen. Wenn man dichtet oder ›In-der-Dichtung‹ ist, lebt man nicht mehr, und wenn man lebt, ist man nie bei

13 Ingeborg Bachmann, *Briefe an Felician*, München/Zürich 1991, S. 34 u. S. 19.

14 Ebenda, S. 41.

den Bildern.«[15] So verhält es sich auch in ihrem Hörspiel, in dem die Unvereinbarkeit der Gefühle mit den Erfordernissen des Alltags die Hoffnung auf eine absolute Liebe vereitelt.

Die Gestaltung der Liebesutopie in *Der gute Gott von Manhattan* geht in erster Linie auf verschiedene geistige Impulse des 20. Jahrhunderts zurück, mit denen sie sich in jenen Jahren auseinandersetzte, sowie auf die eigene Erfahrung in ihren gescheiterten Liebesbeziehungen zu Hans Weigel und dem Dichter Paul Celan (1920–1970) in den frühen 50er Jahren. Die Spannung zwischen Utopie und Realität geht sicherlich mindestens zum Teil auf die persönlichen Rückschläge dieser Beziehungen zurück, unter denen sie jahrelang litt. Das in dem Hörpiel beschriebene Spannungsverhältnis zwischen Liebe und Gesellschaft geht jedoch auch auf den Einfluss anderer Künstler und Denker zurück.

Bachmann und Robert Musil

Noch vor dem Studium in Wien hatte sich Bachmann zum Beispiel mit den Werken des Schriftstellers Robert Musil (1880–1942) beschäftigt. Als Redakteurin beim Sender Rot-Weiß-Rot und später als Dramaturgin beim Bayerischen Rundfunk konnte sie dieses Interesse in Sendungen einbringen. So bearbeitete sie 1958 für Radio Bremen und den Süddeutschen Rundfunk Musils Theaterstück *Vinzenz und die Freundin bedeutender Männer* (1924). Einige Spuren

15 Brief Ingeborg Bachmanns an Hans Weigel, datiert »Samstag«, vermutlich 1948. Zitiert nach Joseph McVeigh, *Ingeborg Bachmanns Wien 1946–1953*, Berlin 2016, S. 155.

dieses Theaterstücks lassen sich im Hörspiel *Der gute Gott von Manhattan* finden: Im Mittelpunkt von Musils Posse stehen der Hochstapler Vinzenz, der sich ständig neu entwirft und im Grunde genommen über keine eigene Identität verfügt, und seine Freundin Kathi, die sich im Verlauf der Handlung auch eine neue Identität als Alpha entwirft. Mit dieser Posse verweist Musil, indem die beiden Hauptfiguren sowohl in gesellschaftlichen Kreisen wie im privaten Bereich mit der eigenen Identität spielen, auf die problematische Wechselwirkung zwischen Individualität und Gesellschaft hin, die die moderne Welt kennzeichnet.

Als Musils Hauptwerk, der Roman *Der Mann ohne Eigenschaften* (1930), im Dezember 1952 neu erschien, verfasste Bachmann über diesen Roman einen Radio-Essay, der auch zum Verständnis ihres Hörspiels aufschlussreiche Hinweise liefert. Hier erwähnt sie zum ersten Mal das von Musil geprägte Konzept des »anderen Zustand[s]« (S. 79), nach dem die absolute Liebe einen »Ausnahmezustand«[16] in der Welt repräsentiert.

Der »andere Zustand«

Die Hauptfigur in Musils Roman, Ulrich, »experimentiert mutig […] an der Entfesselung einer geistigen Atomenergie«,[17] was an die Beschreibung des Liebespaares Jan und Jennifer als »die seltenen Elemente, die da und dort gefunden werden, jene Wahnsinnsstoffe, mit Strahl- und Brandkraft« (S. 86) erinnert.

16 *Werke* (s. Anm. 5), Bd. IV, S. 102.
17 Ebenda, S. 96.

Was Ulrich in Musils Roman durch eine Liebesutopie mit seiner Schwester Agathe erstrebt, ist nicht weniger als eine vollkommen neue Moral, die zu ermöglichen versucht, »wie Bewusstsein und Welt entgrenzt werden können«.[18] Für eine kurze Zeit erreichen sie den »anderen Zustand«, das heißt, den Austritt aus der vorherrschenden moralischen Ordnung. Bachmann zitiert in ihrem Musil-Essay ausführlich eine Stelle im Roman, wo Ulrich seine Auflehnung gegen die bestimmenden moralischen Kategorien in einer Litanei seiner eigenen Glaubensprinzipien zusammenfasst. In der Form ähnelt diese Litanei der Glaubensprinzipien dem Glaubensbekenntnis des guten Gottes, von dessen Botschaft ist sie jedoch weit entfernt:

Umkehrung moralischer Werte bei Musil

> »Ich glaube, daß alle Vorschriften unserer Moral Zugeständnisse an eine Gesellschaft von Wilden sind. Ich glaube, daß keine richtig sind. […] Ich glaube, daß nichts zu Ende ist. Ich glaube, daß nichts im Gleichgewicht steht, sondern daß alles sich aneinander erst heben möchte. […] Ich glaube also nicht! Ich glaube aber vor allem nicht an die Bindung von Bös und Gut, die unser Kulturgemisch darstellt: das ist mir widerwärtig! […].[19]

Wie Musil will auch Bachmann in ihrem Hörspiel mit der Darstellung des »Ausnahmezustands« einer über

18 Ebenda, S. 98.
19 Ebenda, S. 97–98.

die Grenzen des Möglichen strebenden Liebe den Umriss einer neuen Moral entwerfen, einer »Mystik des Herzens«,[20] die sich den praktischen Erfordernissen des Verstands entzieht. Ulrich und seine Schwester Agathe wollen im Grunde genommen mit ihrer Art von Liebe genau das, was auch Jennifer und Jan wollen: Sie wollen alle Grenzen überwinden, die die Möglichkeiten des Lebens auf vorgeschriebene Verhaltensmuster beschränken.

■ »Mystik des Herzens« als neue Moral

1959 wurde Ingeborg Bachmann der Hörspielpreis der Kriegsblinden verliehen. In ihrer Dankansprache verwies sie auf einige ihrer Grundvorstellungen für dieses Hörspiel. Der Ausgangspunkt dieser Überlegungen ist die dem Menschen innewohnende Veranlagung, zu gewissen Zeitpunkten im Leben gegen das Gewohnte, das Bekannte zu rebellieren: »Denn bei allem, was wir tun, denken und fühlen, möchten wir manchmal bis zum Äußersten gehen. Der Wunsch wird in uns wach, die Grenzen zu überschreiten, die uns gesetzt sind«.[21] Jennifer und Jan hoffen, über das bloß Sinnliche hinaus neue Erfahrungsebenen außerhalb der ›gesetzten Grenzen‹ zu entdecken. Doch diese Art von Überhöhung der Gefühle kann nicht lange andauern, weil es, so Bachmann, »den Austritt aus der Gesellschaft nicht gibt«.[22] Beharrt man auf dem Versuch, eine Liebe ohne Bezug zum menschlichen Kollektiv und dessen vorherrschenden Konventionen zu

■ Bachmanns Kriegsblindenrede

20 Ebenda, S. 117.
21 Ebenda, S. 276.
22 Ebenda, S. 276.

pflegen, was Bachmann und Musil als Utopie bezeichnen, so führe ein solches Bestreben unausweichlich in den Untergang. Eine solche Liebe sei nicht erreichbar und war es auch nie gewesen – siehe Romeo und Julia und die anderen Liebespaare in dem Marionettentheater der Eichhörnchen. Durch diese Erfahrung, »daß wir uns orientieren an einem Ziel, das freilich, wenn wir uns nähern, sich noch einmal entfernt«,[23] gewinnt man jedoch etwas Wertvolles, denn schon der Versuch, das Unmögliche, das Vollkommene, kurz: das Utopische anzuvisieren, schafft, so Bachmann, ein »Spannungsverhältnis, an dem wir wachsen«[24]. Die Spannung im Hörspiel zwischen den angestrebten utopischen Liebeszuständen und der Realität, die solchen Verhältnissen abhold ist, erzeugt höchstens in dem sich nur langsam entfaltenden Abfließen von Jans »Kältesee« (S. 75) im Herzen etwas Positives, das jedoch fast sofort wieder verschwindet. Dieser Aspekt der Liebesbeziehung – der Mann zieht sich am Ende zurück – ist ein in Bachmanns Werk häufig wiederkehrendes Motiv, um das Scheitern der Liebe in der realen Welt zu erklären.

■ Das »Spannungsverhältnis, an dem wir wachsen«

Die Problematik der Sprache

Je mehr Bachmann sich in ihrem späteren Werk mit den gesellschaftlichen Zwängen im Leben des Individuums auseinandersetzte, umso drängender wird für

■ Individuum und Gesellschaft

23 Ebenda.
24 Ebenda.

sie die Problematik, solche Zustände überhaupt sprachlich adäquat darstellen zu können. In einem Zeitalter, in dem die Kommunikation zwischen Menschen wegen einer Korruption der Sprache durch Medien, Werbung und Politik erschwert wird, zweifelt Bachmann daran, ob Worte überhaupt diese darstellende Funktion noch ausüben können. Die Sprachkrise der modernen Welt lässt sich daran erkennen, »daß alle Menschen in allen Beziehungen aneinander vorbeireden; dieses scheinbare Verständnis, das man Offenheit nennt, ist gar keines. Verstehen – das gibt es nicht. Offenheit ist nichts als ein komplettes Mißverständnis. Im Grunde ist jeder allein mit seinen unübersetzbaren Gedanken und Gefühlen«.[25]

Die Sprachphilosophie Wittgensteins

Dieser Gedanken geht bei Bachmann zum Teil auch auf ihre Auseinandersetzung mit der Philosophie Ludwig Wittgensteins zurück, der sie im Jahr 1953 zwei Essays widmete. Das Interesse an Wittgensteins Philosophie hatte schon während ihres Studiums an der Universität Wien (1946–50) begonnen. In ihrer Dissertation über die Existenzphilosophie von Martin Heidegger (1889–1976) zeigt sich der Einfluss des Sprachphilosophen Ludwig Wittgenstein (1889–1951). In ihrer Erörterung der Heideggerschen Metaphysik kritisiert sie dessen Beschäftigung mit den Gefühlen der Menschen – Heidegger spricht oft von einem »Lebensgefühl« der Menschen – als »gefährliche Halbrationalisierung«[26]. Es geht hier vor allem um die

25 Bachmann (s. Anm. 1), S. 122.
26 Bachmann, *Die kritische Aufnahme der Existenzphilosophie*

Frage, ob man Gefühle mit Worten ausdrücken kann. In ihrer Antwort auf diese Frage zitiert Bachmann Wittgensteins berühmten Spruch »Wovon man nicht sprechen kann, darüber muss man schweigen«.[27]

Nach Wittgenstein beschränken die Unzulänglichkeiten der Sprache unsere Welt – Wittgenstein spricht von den »Grenzen der Welt«, die die Sprache umreißen –, denn die Sprache kann die Wirklichkeit, die wir mit unseren Worten meinen, nicht darstellen.[28] Die Alltagssprache, die im Hörspiel *Der gute Gott von Manhattan* von den anonymen Stimmen repräsentiert wird, definiert die konkrete Realität. Die Erfahrung der Liebe erregt im Menschen jedoch den Wunsch nach etwas mehr, was nicht mit Worten auszudrücken ist. Daher will Jan im Hörspiel »in einer neuen Sprache« (S. 85) reden, um seinen Gefühlen für Jennifer Ausdruck zu verleihen.

■ Sprache und Wirklichkeit

Im Hörspiel *Der gute Gott von Manhattan* wird also der ekstatische Zustand der Liebe zwischen Jennifer und Jan mit Worten und Schwüren dargestellt, die wiederum für den Leser bzw. den Hörer unzulänglich sind, um den wahren Charakter der Ekstase zu erfassen. Nach der Ausstrahlung des Hörspiels im Jahre 1958 steht der Topos Liebesutopie nicht mehr im Mit-

Martin Heideggers, Wien 1949. Zitiert nach: Joseph McVeigh, *Ingeborg Bachmanns Wien 1946–1953*, Berlin, 2016, S. 48.

27 Bachmann zitiert diese Worte Wittgensteins in ihrem Radio-Essay »Sagbares und Unsagbares – Die Philosophie Ludwig Wittgensteins«, der 1954 im Bayerischen Rundfunk erstgesendet wurde. In: *Werke* (s. Anm. 5), Bd. IV, S. 114.

28 *Werke* (s. Anm. 5), Bd. IV, S. 108.

telpunkt von Bachmanns Schaffen. Von nun an beschäftigt sie sich vor allem mit der Darstellung der ›Todesarten‹, der mannigfaltigen Weisen, mit denen man direkt oder indirekt andere Menschen in den Tod treibt.

6. Interpretationsansätze

Dieses Kapitel ist so angelegt, dass die zentralen Themen des Hörspiels am Beispiel ausgewählter Schlüsselpassagen dargestellt werden. Die begleitenden Deutungen werden als Ansätze zur weiterführenden Auseinandersetzung mit dem Werk verstanden und sollen dem Leser ein tieferes Verständnis des Textes und dessen Auslegung ermöglichen.

Für ein besseres Verständnis empfiehlt es sich, nicht nur den Text zu lesen, sondern sich auch eine Hörspielfassung des Stücks anzuhören. Die Ursendung des Hörspiels in der Produktion von Gert Westphal (SWF) ist unter folgendem Link zugänglich: https://archive.org/details/BachmannHorspiel

■ Link zur Ursendung im SWF

Die »verkrustete Welt« und ihre Ordnung

Wer Ingeborg Bachmanns Hörspiel liest oder hört, könnte nach den ersten paar Szenen mit Recht behaupten, man habe es hier mit einer Kriminalgeschichte zu tun, allerdings mit etlichen beigefügten phantastischen Elementen, wie den sprechenden Eichhörnchen und den anonymen, aus dem Nichts hervortretenden Stimmen. Die Rahmenhandlung, ein Verhör im Gerichtssaal, in dem die Vorbereitung und Ausführung des Verbrechens in Rückblenden aufgerollt wird, verstärkt diesen Eindruck. Und der Angeklagte, ein Serienmörder, der gelassen und souverän dem Richter die Geschichte des neuesten Falls

■ Kriminalgeschichte? Liebesgeschichte? Beides?

erzählt und sie zugleich kommentiert, verfügt, wie damals ein Mafia-Boss in New York über viele Handlanger, die für ihn die schmutzige Arbeit erledigen.

Liest oder hört man weiter, verschiebt sich der Hauptakzent der Handlung jedoch auf eine Liebesbeziehung zwischen zwei jungen Menschen, Jan und Jennifer, und die Frage, ob aus einem sexuellen Abenteuer eine dauerhafte Liebe entstehen kann. Diese beiden Sichtweisen auf das Stück bilden jedoch nur einen Teil seiner Themen ab. Es gibt weitere wichtige Deutungsebenen, die allerdings erst im Verlauf des Hörspiels sichtbar werden. So verhält es sich auch mit dem Hauptthema des Stücks: der Auseinandersetzung der Autorin mit der moralischen, wirtschaftlichen und sozialen Ordnung der Welt, die durch die Titelfigur des guten Gottes verkörpert wird.

New York als das neue Babylon

Der Schauplatz des Hörspiels, die amerikanische Metropole New York, wird vom guten Gott in einer zentralen Passage als die repräsentative »Stadt der Städte« vorgestellt, deren Beschreibung wichtige Aspekte der von ihm gestützten Ordnung hervorhebt:

> »Der Tag war da. In allen Senkrechten und Geraden der Stadt war Leben, und der wütende Hymnus begann wieder, auf die Arbeit, den Lohn und größren Gewinn. Die Schornsteine röhrten und standen da wie Kolonnen eines wiedererstandenen Ninive und Babylon, und die stumpfen und spitzen Schädel der Gigantenhäuser rührten an den grauen Tropenhimmel, der von Feuchtigkeit troff und wie ein un-

förmiger ekliger Schwamm die Dächer näßte. Die Rhapsoden in den großen Druckereien griffen in die Setzmaschinen, kündeten die Geschehnisse und annoncierten Künftiges. Tonnen von Kohlköpfen rollten auf die Märkte, und Hunderte von Leichen wurden in den Trauerhäusern manikürt, geschminkt und zur Schau gestellt. Unter dem Druck hoher Atmosphären wurden die Abfälle vom vergangenen Tag vernichtet, und in den Warenhäusern wühlten die Käufer nach neuer Nahrung und den Fetzen von morgen. Über die Fließbänder zogen die Pakete, und die Rolltreppen brachten Menschentrauben hinauf und hinunter durch Schwaden von Ruß, Giftluft und Abgasen. Der wilde Sommer flog in neuen Farben auf den Lack der Autokarosserien und auf die Hüte der Frauen, die die Park Avenue herunterschwebten, an die glänzenden Hüllen für Reis und Honig, Truthahn und Krabbe. Und die Menschen fühlten sich lebendig, wo immer sie gingen, und dieser Stadt zugehörig – der einzigen, die sie je erfunden und entworfen hatten für jedes ihrer Bedürfnisse. Dieser Stadt der Städte, die in ihrer Rastlosigkeit und Agonie jeden aufnahm und in der alles gedeihen konnte! Alles. Auch dies.« (S. 33 f.)

Der »wütende Hymnus« der Stadt am Anfang der beschreibenden Passage nennt drei charakteristische Merkmale der bestehenden Ordnung: den Kapitalismus – »die Arbeit, den Lohn und größren Gewinn« –, den moralischen Verfall – die antiken Städte Ninive und Babylon, die in der Bibel als Musterbeispiele des Bösen dienen – und eine dystopische Umwelt – »Schwaden von Ruß, Giftluft und Abgasen«. In diese Bilder der Stadt eingestreut, sind auch Hinweise auf den Tod: »Schädel der Gigantenhäuser«, »Leichen […] zur Schau gestellt«, »Kohlköpfe[n] rollten«. Die hier geschilderte gesellschaftliche Ordnung entlarvt sich als moderne Dystopie.

■ Die moderne Gesellschaft als Dystopie

■ Unterschiede zwischen Ursendung und Textfassung

Die Ursendung des Hörspiels in der Produktion des Südwestfunks ändert an dieser Beschreibung der Stadt den Satz »Und die Menschen fühlten sich lebendig, wo immer sie gingen […]« in ein eindeutig dunkleres Bild: »Und die Menschen *bebten*, wo immer sie gingen, *unter dem barbarischen und herrlichen Zugriff der Stadt*, der einzigen, die sie je erfunden und entworfen hatten für jedes ihrer Bedürfnisse«. Die hinzugefügten Worte vom »barbarischen und herrlichen Zugriff der Stadt« deuten auf die Verbindung von Gewalt und dem Überfluss des materiellen Wohlstands. Dass die Käufer in den Warenhäusern der Stadt nach »den Fetzen von morgen« (S. 33) wühlten, deutet darauf hin, dass die wohlhabenden Bürger von heute eventuell die Opfer von morgen werden könnten, wenn sie in der »Rastlosigkeit und Agonie« (S. 34) der Stadt wirtschaftlich und gesellschaftlich nicht mithalten können. Ein solches Schicksal ist der Bettlerfigur Mack widerfahren, die interessanterweise in der Urausstrahlung des Südwestrundfunks (SWF) fehlt, was den Aspekt der Sozialkritik in dieser Fassung dementsprechend schwächt. Wer in der gesellschaftlichen Ordnung nicht mehr von Nutzen ist, geht wie Mack schließlich »in die schmerzensreiche Stadt und in die immerwährende Qual« (S. 23) ein, ein eindeutiger Hinweis auf die Hölle.[29] In einer solchen Welt, die um Gewinn und Konsum kreist, wird jeder, der die Regeln des Status quo in Frage stellt, zum Außenseiter und daher als eine Bedrohung der Ordnung abgestempelt.

Bachmann stellt einen solchen Vorgang am Beispiel der Liebesbeziehung zwischen Jennifer und Jan dar, die die Ordnung der »domestizierten Liebe«[30] verletzt, da für sie Heirat, Kinder, Familienunterhalt und Konformität mit den gesellschaftlichen Konventionen nicht in Betracht kommen. Das Verhältnis zwischen Jan und Jennifer ist insofern ein »Grenzfall«[31], eine nicht-gesellschaftskonforme Liebe.

Über individuelle Freiheit und Gesellschaft

In einer Vorlesung an der Universität Frankfurt im Jahr 1960 gab Bachmann einen Einblick in den Widerstreit zwischen privatem Lebensentwurf und gesellschaftlicher Realität, der die menschliche Selbstverwirklichung – und daher auch die Liebe – gleichgültig ist: »Sie können in Ihren vier Wänden ein Familienglück patriarchalischen Stils pflegen oder die Liberti-

29 Macks Worte sind ein Hinweis auf die Inschrift über dem Höllentor in Dantes *Göttliche Komödie*: »Per mesi va nella città dolente« (›Durch mich gelangt man zu der Stadt der Schmerzen‹). Zitiert nach Peter Beicken (s. Anm. 4), S. 118 f.

30 Patricia Broser, *Ein Tag wird kommen … Utopiekonzepte im Werk Ingeborg Bachmanns*, Wien 2009, S. 117.

31 *Werke* (siehe Anm. 5), Bd. IV, S. 276.

nage [sexuelle Freizügigkeit], oder was immer Sie wollen – draußen rotieren Sie in einer funktionellen Nützlichkeitswelt, die ihre eigenen Ideen über Ihre Existenz hat. […] Hie Innerlichkeit und Sinnbezüge, Gewissen und Traum – da Nützlichkeitsfunktion, Sinnlosigkeit, Phrase und sprachlose Gewalt«.[32] Bachmanns Worte fassen die Spannung zwischen dem guten Gott und den Liebenden gut zusammen: das private Glück befindet sich im Kampf mit einer gesellschaftliche Ordnung, die die Liebe nur innerhalb gewisser Grenzen zulässt. Überschreitet man diese Grenzen, wird man zum gesellschaftlichen Außenseiter. Mit Bachmanns Worten: »Liebe führt in die tiefste Einsamkeit. Wenn sie ein ekstatischer Zustand ist, dann ist man in keinem Zustand mehr, in dem man sich durch die Welt bewegen kann. Man sieht die Welt nicht mehr mit den Augen der anderen.«[33]

Gäbe es im Hörspiel die Spannung nicht zwischen dem Versuch der Liebenden, eine absolute Freiheit zu erlangen, und einer aggressiven gesellschaftlichen Moral, die diese Art von Liebe nicht dulden kann und brutal dagegen vorgeht, so hätte man es hier mit einer ›normalen‹ Liebesgeschichte zu tun, in der die Spannung lediglich von den Empfindungen der Liebenden erzeugt wird. Aber in diesem Hörspiel ist für Bachmann die Verbindung zwischen individueller Freiheit und gesellschaftlicher Konvention von zentraler Bedeutung im Leben aller Menschen. Sie versucht in

32 Ebenda, S. 198.
33 Bachmann (s. Anm. 1), S. 74.

diesem Hörspiel, die Spannung zwischen Individuum und Gesellschaft mit Hilfe allegorischer Figuren darzustellen. Eine allegorische Figur verkörpert in der Regel eine Idee, eine menschliche Qualität oder ein System. In den Tierfabeln Äsops verkörpert zum Beispiel der Fuchs die List oder die Schlauheit. In Bachmanns Hörspiel vertreten einzelne Figuren gewisse Aspekte der Spannung zwischen Individuum und Gesellschaft. Die Zigeunerin, »die von nirgends herkommt und nirgends zuhause ist« (S. 57), verkörpert zum Beispiel die Idee der individuellen Freiheit während der gute Gott schon durch seinen Namen die Macht gesellschaftlicher Normen personifizieren soll.

Über die Figur des guten Gottes

Die Autorin legte 1965 in einem Interview ihr Konzept der Hauptfigur des guten Gottes dar: »In den großen Liebesdramen [...] wird der Untergang des Liebespaares durch äußere Schwierigkeiten herbeigeführt. Ich wollte diese ›äußere Schwierigkeiten‹ beiseite räumen und zeigen, daß dahinter noch etwas anderes steht, eine Macht, die ich im guten Gott personifiziert habe«.[34] Diese Figur ist also der Vertreter einer sozialen und moralischen Ordnung, die er selbst »die verkrustete Welt« (S. 38) nennt. Im Verlauf des Verhörs verrät er in der Form eines Glaubensbekenntnisses, wie er sich diese Ordnung vorstellt, insbesondere was die Liebe betrifft:

34 Ebenda, S. 56.

Das Glaubensbekenntnis des guten Gottes

> »Ich glaube an eine Ordnung für alle und für alle Tage, in der gelebt wird jeden Tag. Ich glaube an eine große Konvention und an ihre große Macht, in der alle Gefühle und Gedanken Platz haben, und ich glaube an den Tod ihrer Widersacher. Ich glaube, daß die Liebe auf der Nachtseite der Welt ist, verderblicher als jedes Verbrechen, als alle Ketzereien. Ich glaube, daß, wo sie aufkommt, ein Wirbel entsteht wie vor dem ersten Schöpfungstag. Ich glaube, daß die Liebe unschuldig ist und zum Untergang führt; daß es nur weitergeht mit Schuld und mit dem Kommen vor alle Instanzen. Ich glaube, daß die Liebenden gerechterweise in die Luft fliegen und immer geflogen sind.« (S. 80)

Eine Art von Liebe, wie sie Jennifer und Jan anstreben, hat nach Auffasung des guten Gottes weitreichende gesellschaftliche Folgen, die er mit einer Bildsprache beschreibt, die auf die große Angst der 50er Jahre, den Atomkrieg, anspielt:

Das Urteil des guten Gottes

> »Ja, auffliegen müssen sie, spurlos, denn nichts und niemand darf ihnen zu nah kommen. Sie sind wie die seltenen Elemente, die da und dort gefunden werden, jene Wahnsinnsstoffe, mit Strahl- und Brandkraft, die alles zersetzen und die Welt in Frage stellen. Noch die Erinnerung, die von ihnen bleibt, verseucht die Orte, die sie berührt haben.« (S. 86)

Warum sollte für die Gesellschaft ausgerechnet die Liebe von Jennifer und Jan so gefährlich sein? Die

Gründe dafür offenbart der gute Gott nur langsam im Verlauf der Gerichtsverhandlung, in Etappen, die den immer höheren Stockwerken des Hotels – und der Intensivierung der Beziehung – entsprechen. Bei der ersten Begegnung der jungen Menschen im Bahnhof sei, so der gute Gott, »[n]ichts Besonderes« (S. 14) geschehen. Dennoch ahnt er, als Jennifer zum ersten Mal Jan anspricht, »daß es wieder beginnt« (S. 14) und sich in eine bedenkliche Richtung entwickeln könnte: »es gab so viele Möglichkeiten, und diese war die unmöglichste, aber sie versuchte es« (S. 14 f.). Nach der ersten Nacht im schäbigen Stundenhotel spricht der gute Gott noch in vagen Formulierungen über das Gefährliche dieser Beziehung: »Jetzt war die Gefahr im Verzug, und ich witterte, daß es wieder einmal angefangen hatte. Von diesem Augenblick an erst machte ich mich an die Verfolgung« (S. 31). Wie vielleicht auch der Leser dieser Stelle findet der Richter diese Bemerkung des guten Gottes etwas verwirrend. »Was war da zu verfolgen?«, fragt er. Die bisherige Beziehung zwischen Jennifer und Jan sei ganz »[d]as Übliche. […] ein Fall, wie viele Fälle« (S. 31). In dieser Phase hätte es noch zur Trennung kommen können, aber weil Jans Platz auf dem Schiff noch nicht bestätigt war, ging die Beziehung weiter.

Die Beweggründe des guten Gottes

Im 7. Stock war die »Vereinbarung auf Distanz« zwischen den beiden noch in Kraft, bekam nach Ansicht des guten Gottes wegen Jans verzögerter Abreise jedoch schon einige »Bruchstellen« (S. 37). Schlimmer noch waren seiner Meinung nach die ersten Anzeichen eines Rückzugs aus dem Alltag in die hermeti-

Zur Liebesbeziehung im 7. Stock

sche Welt eines ungewöhnlichen Liebesverhältnisses, das ihr »unbeschreibliche[s] Lächeln« (S. 37) signalisiert haben soll:

> »Ja! Sie lachen in der Öffentlichkeit und doch unter deren Ausschluß. Oder lächeln Vorübergehende an, nur so, mit einer Andeutung, wie Verschwörer, die andere nicht wissen lassen wollen, daß die Spielregeln bald außer Kraft gesetzt werden. Dieses Lächeln steht da wie ein Fragezeichen, aber ein sehr rücksichtsloses.« (S. 38)

Der Richter findet die Beweisführung des guten Gottes immer noch nicht überzeugend, doch der gute Gott bewertet den Ausschluss der Öffentlichkeit aus dem privaten Bereich der Liebenden als eine angehende Verschwörung, die »wie ein glühendes Zigarettenende in einen Teppich, in die verkrustete Welt ein Loch zu brennen« (S. 38) droht.

Zur Liebesbeziehung im 30. Stock

Es kommt nach der zweiten Nacht, diesmal im 7. Stock des Atlantic Hotels, zu einer weiteren Intensivierung der Beziehung: Das Liebespaar bekommt nun ein Zimmer im 30. Stockwerk des Hotels. Ob Jan abreist, ist nach wie vor offen. Jennifer, die die Tatsache, dass Jan nach der zweiten Nacht aus dem Hotel auscheckt, als endgültige Trennung missversteht und das Hotel verlässt, wird von Jan ins Hotel zurückgeholt. Diese Etappe der Steigerung, die die Liebenden noch weiter weg von der Erde und vom Alltag führt, sieht der gute Gott als Zeichen eines zunehmenden Irr-

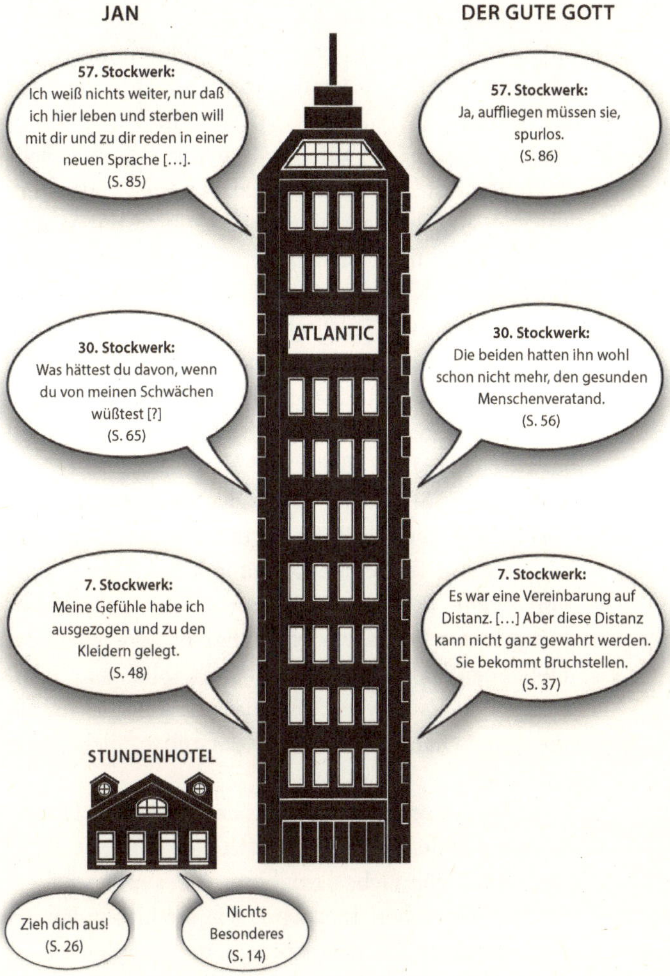

Abb. 2: Stationen der Liebe … und des Mordes

sinns der Liebenden: »Aus einiger Entfernung betrachtet, schrumpft der gesunde Menschenverstand ein und sieht einem Gran Stumpfsinn zum Verzweifeln ähnlich« (S. 56). An dieser Stelle im Hörspiel verweist der gute Gott auf eine Gegenmacht, die solche nach Freiheit strebenden Beziehungen begünstigt: die Zigeunerin. Sie, deren Füße »keine Spur lassen« und »[s]chon nicht mehr zu finden [ist], wo sie eben noch war« (S. 57), repräsentiert eine Freiheit ohne Verbindung zur Gesellschaft und deren Ordnung. Nach diesem Hinweis wird die Figur der Zigeunerin in der Druckfassung des Stückes nicht mehr erwähnt. In der Ursendung des Hörspiels im Südwestfunk fehlt sie völlig, wie auch die Bettlerfigur Mack.

An dieser Stelle im Text ist der Leser immer noch nicht viel klüger darüber, warum der gute Gott bzw. die von ihm vertretene Ordnung keine Abweichung von einem bestimmten Muster einer Liebesbeziehung duldet. Die bisherigen Indizien, das Lächeln der Liebenden und ihre dann doch nicht vollzogene Trennung, sind als Beweis dafür, dass sie eine Gefahr für die gesellschaftliche Ordnung darstellen, nicht überzeugend.

Aufgrund seiner reichlichen Erfahrung mit Liebespaaren will der gute Gott jedoch ein scharfes Gespür für gefährliche Liebesbeziehungen erworben haben. Erst als davon berichtet wird, wie die Liebenden ein Zimmer im 57. Stockwerk beziehen, das der gute Gott selbst bezahlt hat, um »die Dinge voran[zutreiben], die nicht mehr aufzuhalten waren« (S. 73), verrät er endlich seine Grundprinzipien in einem Glaubensbekenntnis (S. 80). Aber auch hier lernt man höchstens, dass er gegen die Liebe im Allgemeinen kämpft, nicht jedoch die konkreten Gründe, warum er das tut. Kurz darauf ergänzt er seine Gedanken zur Liebe mit einem Beispiel, wie eine Liebesbeziehung eigentlich verlaufen soll. Er beschreibt dem Richter seine Vorstellung einer rechtschaffenen alltäglichen Liebesbeziehung. Die ›normalen‹ Liebenden sind Menschen,

Über die erlaubte Art von Liebe

> »die nach einem anfänglichen Seitensprung in die Freiheit ohnehin Instinkt bewiesen haben. Die das bißchen anfängliche Glut zähmten, in die Hand nahmen und ein Heilmittelunternehmen gegen die Einsamkeit draus machten, eine Kameradschaft und wirtschaftliche Interessengemeinschaft. Ein annehmbarer Status innerhalb der Gesellschaft ist geschaffen. Alles im Gleichgewicht und in der Ordnung.« (S. 81)

Jennifer und Jan verstoßen also eigentlich nicht gegen konkrete, schon bekannte Machtstrukturen, wie die feindlichen Familien in *Romeo und Julia*, sondern gegen Konventionen einer ungeschriebenen Ordnung, die weniger offensichtlich sind. Eine solche Gesellschaft ist im Grunde genommen wenig mehr als eine »konformistische Zwangsgemeinschaft«.[35]

Der gute Gott und seine Ordnung richten sich also

35 Beicken (s. Anm. 4), S. 116.

gegen die absolute Freiheit des Individuums, die sich besonders in einer unberechenbaren, ekstatischen Liebe ausdrücken kann. Das ist jedoch nur ein Aspekt seines Kampfes gegen die Liebe von Jennifer und Jan. Die restlichen Aspekte kann man den manchmal subtilen Hinweisen und Andeutungen entnehmen, die verstreut im ganzen Stück zu finden sind.

Jans und Jennifers Wende nach innen

Was der gute Gott konkret an der Beziehung zwischen Jennifer und Jan auszusetzen hat, ist zunächst einmal ihre Wende nach innen. In den frühen Stationen ihres Zusammenseins gehen sie durch verschiedene Orte der Stadt und interagieren mit der Gesellschaft, sprechen mit der Zigeunerin, dem Graphologen, der nur nebenbei erwähnt wird, und dem Bettler Mack. Mit jeder Auffahrt in ein höheres Stockwerk werden bedeutende Kontakte mit anderen Menschen weniger und flüchtiger. Mit dem Umzug ins 30. Stockwerk scheinen sich Jan und Jennifer geradezu im Zimmer zu verschanzen, gehen nur zu zweit aus, wenn nötig – zum Beispiel, wenn sie einkaufen gehen. Sie bauen sich im Zimmer eine Art Adlerhorst, wie der gute Gott kritisch gegenüber der Zigeunerin anmerkt. Man baut hier im Hotelzimmer eine Art Zuflucht vor der gesellschaftlichen Ordnung: »Man nennt das [Zimmer] schon ›zuhause‹, beugt sich manchmal aus dem Fenster, rauft Stroh und Binsen aus einer Besenreklame und klebt sie an die Wand, damit das Zimmer einem Nest ähnlicher wird« (S. 58). Zudem wird der Fokus ihres Alltags immer introspektiver, d. h., sie beschäftigen sich in erster Linie mit sich selbst, wobei ihre Gedanken fast ausschließlich um ihre Beziehung selbst kreisen. Die Welt unten wird ihnen immer gleichgültiger; sie interessieren sich nur noch füreinander und sprechen in einer Ausdrucksweise, die höchst bildhaft und poetisch, und nur ihnen verständlich ist. Diese neue Sprache der Liebe steht im grellen Gegensatz zu der Alltagssprache der Werbung, der Medien und der allgemeinen Öffentlichkeit. Die anonymen Stimmen im Stück bringen Sprachfetzen aus allen diesen Bereichen ein und stellen so das Ethos der Ordnung dar, das, wie die Regeln der Ordnung, in den höheren Stockwerken symbolisch außer Kraft gesetzt wird: »Oben ist die Luft dünner. Die Geräuschwellen gleiten ab an den Mauern« (S. 56).

Die neue Sprache der Liebenden wirkt auch im Gegensatz zu der Sprache des guten Gottes viel authentischer, da sie spontan ist und die inneren Gefühle der Liebenden direkt ausdrückt, während der gute Gott im Verhör seine wahre Motivation und Vorgangsweise schönredet. Seine Beteuerungen vor dem Richter, die Mordlust sei ihm fremd (S. 60), oder, dass er das Zimmer im 57. Stockwerk deswegen für das Liebespaar bezahlt hat, weil er ihnen »ablenkende Sorgen ersparen« (S. 73) wollte, erweisen sich als Lügen, wenn er später dem Richter sein Glaubensbekenntnis bekannt gibt und meint: »Ich glaube, daß die Liebenden gerechterweise in die Luft fliegen und immer geflogen sind« (S. 80). Schlimmer noch, er erklärt dem Richter gegenüber, dass es die Liebenden waren, die sein Eingreifen erzwungen hätten: »Sagt man nicht,

■ Die »neue Sprache« der Liebenden

es seien nicht immer die Mörder, sondern manchmal die Ermordeten schuldig?« (S. 80).

Umkehrung der Moral

Diese Diskrepanz zwischen den Worten und den Taten des guten Gottes symbolisiert eine Umkehrung der Moral, die der gesellschaftlichen Ordnung im Hörspiel zugrunde liegt: Liebe und individuelle Freiheit sind in diesem System gefährlich und müssen vernichtet werden, während Mord, Konsum und erzwungene Anpassung an gesellschaftliche Normen im Dienst dieses Systems als positive Werte angesehen werden. Die Tatsache, dass er sich den Namen »[d]er *gute* Gott von Manhattan« (S. 10) nicht selbst gegeben hat, sondern dieser generell im Umlauf sein soll, deutet darauf hin, dass man sein Eingreifen in das Leben der Menschen allgemein als positiv bewertet oder es wenigstens passiv akzeptiert. Angesichts der Maßnahmen, deren er sich gegenüber Feinden bedient, ist sein Name eher als ein ironischer Spitzname zu betrachten. Zudem sollen seine Eichhörnchen »mit dem Bösen im Bund« sein (S. 10), was freilich darauf hindeutet, dass man es beim guten Gott mit einer geradezu teuflischen Figur zu tun hat. Obwohl die strenge Moral des guten Gottes scheinbar für Stabilität, Wohlstand und Ruhe sorgt, ist sie nicht positiv zu werten. Die Welt des guten Gottes basiert letztlich nicht auf einer Moral, sondern auf einer menschenfeindlichen Anti-Moral, die Liebe, individuelle Freiheit und Selbstbestimmung zu bannen sucht. Abweichlern droht der Tod oder zumindest die Verarmung.

Zwei Auffassungen des Begriffs ›Himmel‹

Auch in den entgegengesetzten Auffassungen des Begriffs ›Himmel‹ ist die verkehrte moralische Welt zu sehen. Für Jennifer und Jan ist der Himmel dort zu finden, wo er üblicherweise hingehört: in der Höhe. An dem Höhepunkt ihrer Liebe im 57. Stock angelangt, als Jan verkündet, dass er Jennifer nicht mehr verlässt, gehen die beiden symbolisch in den Himmel ein: »Steh auf, meine Liebe. – Ich will das Fenster öffnen und den Himmel hereinlassen« (S. 84). Für den guten Gott und seine »Sittenpolizei«,[36] die Eichhörnchen, existiert der Himmel dagegen nur auf der »himmlische[n] Erde«; die Höhe hat für ihn eine negative Bedeutung: Dort »müssen [sie] haushalten mit der Stickluft. Verlieren den Boden unter den Füßen. Fühlen Schwindel« (S. 72).

Zwei Arten von Verschwörungen

Die Umkehrung moralischer Kategorien in der Figur des guten Gottes tritt besonders hervor, als er den Liebenden vorwirft, sie gingen eine Verschwörung ein, indem sie in der Öffentlichkeit lächelten, ohne dass man wissen könne, worum es dabei gehe. Dennoch ist es vielmehr das letzte Wort des Hörspiels, »Schweigen« (S. 94), das auf eine viel schwerwiegendere Verschwörung hinweist, nämlich die Verschwörung des Richters mit dem Angeklagten: Bei dieser Verschwörung geht es darum, dass der Richter die brutalen Mittel des guten Gottes um der von ihm eta-

36 *Funkkorrespondenz*, vom 4. Juni 1958, online als Medienkorrespondenz: https://www.medienkorrespondenz.de/hoerfunk/artikel/ingeborg-bachmann-der-gute-gott-von-manhattan-ndrswfbr.html (Stand: 2. 12. 2019).

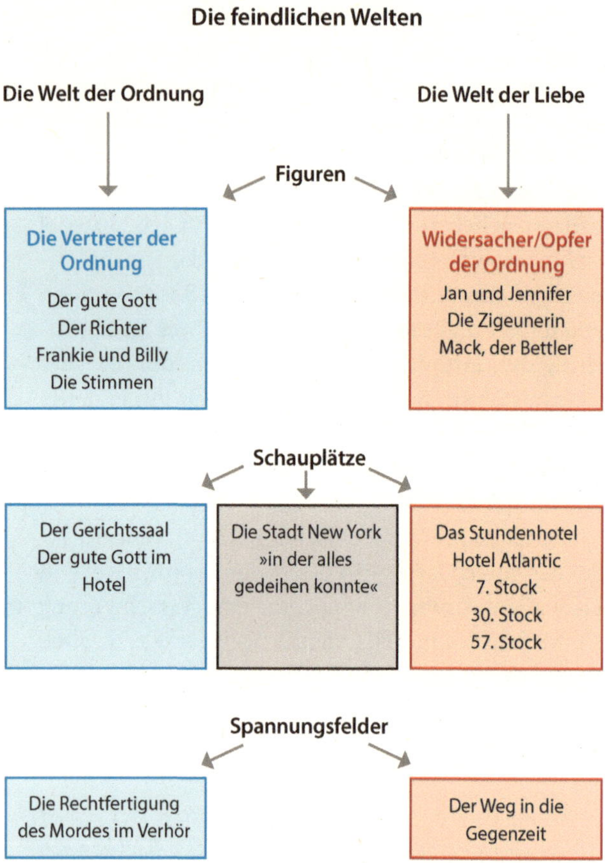

Abb. 3: Figuren, Schauplätze und Spannungsfelder

blierten Ordnung willen akzeptiert. Mit ihrem Versuch, aus dieser Ordnung auszutreten, rebellieren Jan und Jennifer dagegen.

Wenn Jan im 57. Stockwerk zum ersten Mal seine bedingungslose Liebe zu Jennifer erklärt, schließt er sein Bekenntnis mit den Worten ab: »So komm. Ich bin mit dir und gegen alles. Die Gegenzeit beginnt« (S. 78). Jans Einladung an Jennifer, sich mit ihm in die Liebesutopie zu begeben – »So komm« –, wird nicht vom Standpunkt eines bewussten Widerstands gegen eine erstickende gesellschaftliche Ordnung dargestellt, sondern symbolisch als ein Grenzübertritt in eine neue Dimension, in der die normalen Grenzen von Zeit und Raum gesprengt werden: die »Gegenzeit«.

Jan und die »Gegenzeit«

Der ›andere Zustand‹ / Die Gegenzeit

Die kurzdauernde Liebesutopie von Jennifer und Jan im 57. Stockwerk wird gemäß den technischen Einschränkungen eines Funkstücks ausschließlich mit leidenschaftlichen Worten – und Schweigen – der Liebenden dargestellt, die ihre innere Gefühlswelt veranschaulichen sollen. Wie der Richter, der anfangs keinen Verstoß des Liebespaares gegen die Regeln der Gesellschaft sieht, fällt es auch dem Leser oder Hörer schwer, sich über die überschwänglichen Liebesbeteuerungen hinaus ein Bild von ihrem vermeintlichen Grenzübertritt zu machen. Neben dem Dialog der Liebenden setzt Bachmann einige Symbole ein, um eine konkretere Vorstellung der Liebesutopie zu geben.

Aufhebung der Grenzen von Raum und Zeit

Auf der höchsten Ebene der Ekstase wird die Ordnung von Raum und Zeit aufgelöst. Schon zu Beginn des Hörspiels wird dieses Motiv angedeutet, wenn der gute Gott davon erzählt, wie sich Jan und Jennifer im Bahnhof kennenlernten. An dieser Begegnung hat er nichts auszusetzen und notiert, dass »alle Uhrzeiger liefen« (S. 14). Erst im 30. Stockwerk fängt sich die Umwelt der Liebenden langsam zu verwandeln an, wenn zum Beispiel dem guten Gott auffällt: »Das Zimmer ist lichter als der Tag« (S. 57). Bei ihrer letzten Station im 57. Stockwerk wird die Umgebung des Liebespaars nun symbolisch zu einer neuen Welt, wo Tag und Nacht – Realität und Traum – gleichzeitig nebeneinander existieren: »Eine im Flug verlassene Welt lag unten. In einem Aug konnte man schon den Mond und im anderen noch die Sonne haben. Das Meer wölbte sich sichtbar in der Ferne und zog Schiffe und Rauch hinunter an andere Erdteile« (S. 73). Jans letzter Auftritt in der Bar kurz vor Jennifers Tod unterstreicht den zeitlosen Charakter dieses Grenzfalls der Liebe, indem er dem Barmann erzählt: »Meine Uhr geht so langsam. Ich meine, die muß bald stehenbleiben, weil ich sie ein paar Tage lang nicht aufgezogen habe« (S. 89).

Neue Zeitverhätnisse in der Liebe

Neue Raumverhältnisse in der Liebe

Neben den neuen zeitlichen Verhältnissen in der hermetischen, d. h. in sich abgeschlossenen Welt der Liebenden kommt auch ein räumliches Element der Gegenzeit hinzu. Das Zimmer des Liebespaares im 30. Stockwerk, das vom guten Gott noch als »Miniaturausgabe des Alltags« (S. 56) beschrieben wurde, öffnet sich im 57. Stockwerk symbolisch in einen endlos offenen Raum, der Jan und Jennifer einen erweiterten Blick auf die Welt von oben hinunter gewährt – »Das Meer wölbte sich sichtbar in der Ferne« (S. 73). Es ist vor allem Jan, der die Erweiterung der eigenen Gefühlswelt mit den neuen Raumverhältnissen in der Höhe verbindet:

> »Ich fühle, daß ich nie besser wissen werde, auf welchem Längen- und Breitengrad ich mich befinde, und nie besser, worauf alles gegründet ist als in diesem beliebigsten Zimmer. Genau hier ist es zu spüren, wo es wenig Erde gibt. Hier ist Raum.« (S. 74)

In seinen darauffolgenden Monologen bezieht er ähnliche Hinweise auf die gesprengten Grenzen von Zeit und Raum mit ein: »Bei dir sein möchte ich bis ans Ende aller Tage und auf den Grund dieses Abgrundes kommen« (S. 77). Die Gegenzeit der Liebe ist also nur außerhalb der alltäglichen Welt möglich und mit dieser Welt unvereinbar. Die Autorin selbst bestätigt in einem Interview über dieses Hörspiel: »Dieses Stück bezieht sich doch auf einen Grenzfall von Liebe, auf einen dieser seltenen ekstatischen Fälle, für die es tatsächlich keinen Platz in der Welt gibt und nie gegeben hat.«[37]

Die angestrebte Liebesutopie von Jennifer und Jan ist als abstraktes Konstrukt, das sich vorwiegend in der Gefühlswelt abspielt, an sich nicht ungewöhn-

37 Bachmann (s. Anm. 1), S. 86.

lich. Was diese Liebe eigentlich zum seltenen »Grenzfall« macht, ist die aktive »Revolte gegen das Ende der Liebe« (S. 77), die Jan ankündigt. Er ist sich darüber bewusst, wie sich viele Liebesbeziehungen entwickeln, und zwar genau so, wie der gute Gott sie beschrieben hat: nach anfänglicher Glut werden sie schließlich vorwiegend »eine Kameradschaft und wirtschaftliche Interessengemeinschaft« (S. 81). Jan will stattdessen »kein Ende« (S. 78), obwohl er auch einsieht, dass er dieses Ziel eventuell niemals erreichen wird. In ihrer Dankesrede zur Verleihung des Hörspielpreises der Kriegsblinden weist Bachmann im Zusammenhang mit *Der gute Gott von Manhattan* darauf hin, dass wir manchmal im Leben alle, wie Jan und Jennifer, das Vollkommene, das Unerreichbare, das Unmögliche – kurz, die Utopie – zu ergreifen versuchen, die jedoch »wenn wir uns nähern, sich noch einmal entfernt«.[38]

Die Unmöglichkeit einer utopischen Liebe

Die Revolte gegen das Ende der Liebe und die Einführung der Gegenzeit, die Jan trotzdem unternehmen will, findet in ihm selbst statt. Nach dem Umzug des Liebespaares ins 30. Stockwerk stellt Jan die bevorstehende Trennung in Frage, wenn er den Wunsch äußert: »Ich möchte nur ausbrechen aus allen Jahren und allen Gedanken aus allen Jahren, und ich möchte in mir den Bau niederreißen, der Ich bin, und der andere sein, der ich nie war« (S. 68).

Jans Weg in die Gegenzeit

Trotzdem ist er nicht bereit, diesen Wunsch in eine

38 *Werke* (s. Anm. 5), Bd. IV, S. 276.

konventionelle Liebesbeziehung umzusetzen, wie er Jennifer erklärt:

Liebeserklärung mit Vorbehalten

> »Ich werde dir noch etwas sagen: es ist unmöglich, daß das mit uns geschehen soll. Du mein, ich dein. Vertrauen gegen Vertrauen. Laß uns an die Zukunft denken. Gute Kameraden sein. Freundschaft halten. Schützen einander, zusammenstehn. Ein Trost sein. Ein Trost sein. Du bist der erste Mensch, der kein Trost für mich ist. [...] Alles war zu ertragen. Du bist es nicht.« (S. 68 f.)

Er merkt, dass in ihm etwas Ungewöhnliches vorgeht, da er nun zum ersten Mal im Leben den Anfang einer echten Liebe spürt. Der Wunsch auf etwas mehr gilt hier als sein »erste[r] Angriff, der erste Schlag auf eine Kette, die nicht zerbrechen will. [...] Schon klingt sie, und am Ende, wenn sie ohne Laut zerspringen sollte, wirst du wieder nichts dabei denken. Aber es kann auch das Gesetz der Welt dann nicht mehr auf uns liegen« (S. 69).

Jan und Jennifer glauben nun, eine neue Freiheit entdeckt zu haben, sind sich jedoch nicht sicher, was sie damit anfangen sollen. Ein weiterer, von den Eichhörnchen und dem guten Gott vermittelter Umzug in den 57. Stock bringt nun Klarheit in die Formel. Über den Wunsch hinaus, sich den herkömmlichen Konventionen von Liebe und Verantwortung in der Gesellschaft nicht anzupassen, wollen sie etwas Neues schaffen, wie aus den Worten Jans hervorgeht:

Jans Liebeserklärung: Abkehr von der Welt

> »Ich weiß nichts weiter, nur daß ich hier leben und sterben will mit dir und zu dir reden in einer neuen Sprache; daß ich keinen Beruf mehr haben und keinem Geschäft nachgehen kann, nie mehr nützlich sein und brechen werde mit allem, und daß ich geschieden sein will von allen andern. Und sollte mir der Geschmack an der Welt nie mehr zurückkommen, so wird es sein, weil ich dir und deiner Stimme hörig bin.« (S. 85)

Er verkündet Jennifer die Gegenzeit in ihrer Beziehung, indem er bemerkt: »Ich will, was noch niemals war: kein Ende. [...] Ich bin mit dir und gegen alles. Die Gegenzeit beginnt« (S. 78). Doch seine vermeintliche Abkehr von der Welt und seine Hoffnung auf eine unendliche Liebe bringen auch eine existenzielle Konfrontation mit Fragen der Sterblichkeit mit sich. Bachmann hat in ihrer Dankesrede zum Hörspielpreis auf den »großen geheimen Schmerz, mit dem der Mensch vor allen anderen Geschöpfen ausgezeichnet ist«,[39] hingewiesen. In ihrem Hörspiel zeigt sie, wie man ihn durch Liebe zu überwinden versucht. In seiner Liebeserklärung an Jennifer im 57. Stock drückt Jan seinen Wunsch nach einer die Welt transzendierenden Liebe aus, die über die bloße Sinnlichkeit hinaus einen tieferen Sinn bietet:

Konfrontation mit der Sterblichkeit

39 Ebenda, S. 275.

> »Es ist da eine Niedertracht von Anfang an, und keine Blasphemie wird ihr Ausmaß erreichen. Was müssen wir uns vorhalten lassen mit Liebe, dieser Flammenschrift, und auslöschen sehen, wenn wir nähergekommen sind? Wer hat geschrien, daß Gott tot ist? Oder gestürzt in die Donnerhallen! Oder daß es ihn nicht gibt. Ist da nicht zu wenig verklagt in der wenigen Zeit? Reißen wir unsere Herzen aus für ein Nichts und um mit dieser jämmerlichen Klage die Leere zu füllen, und stirbst du dafür!« (S. 77 f.)

Doch am Ende gibt es keine wahre Flucht aus der Welt und deren Ordnung, wie Bachmann in ihrer Dankesrede nahelegt: »Es ist auch mir gewiß, daß wir in der Ordnung bleiben müssen, daß es den Austritt aus der Gesellschaft nicht gibt […]«.[40] So gesehen ist *Der gute Gott von Manhattan* in gewisser Hinsicht keine Liebesgeschichte, sondern vielmehr der Ernüchterungsprozess zweier Menschen, die »das Vollkommene, das Unmögliche, das Unerreichbare«[41] erleben wollen, was jedoch durch das Eingreifen des guten Gottes abgebrochen wird.

■ Illusion einer Flucht aus der Welt

Für den Leser stellt sich nun die Frage, wie es weiterginge, wenn Jennifer nicht durch den Mechanismus des *diabolus ex machina*, d. h. durch die Bombe des guten Gottes, umgekommen wäre. Wie würde die Revolte, die Gegenzeit, die Jan proklamiert, verlaufen?

■ Wie ginge es ohne die Bombe weiter?

40 Ebenda, S. 276.
41 Ebenda, S. 267.

Wenn die beiden Liebenden vollkommen nach ihrem Liebesideal handelten, wovon würden sie leben? Im Hotel könnten sie ohne Geld nicht lange bleiben; und die schönen Nächte in Manhattan – ein sehr teures Viertel – könnten sie auch nicht mehr genießen. Die Leidenschaft der ersten Tage, Wochen, Monate, Jahre könnte nur schwerlich beibehalten werden, würde wahrscheinlich irgendwann versiegen, so wie es der gute Gott für normal hält. Wenn Jan und Jennifer also ihren in der letzten Phase der Liebesutopie ausgedrückten Wünschen nach »kein[em] Ende« (S. 78) nachgingen, würden sie sich eventuell nach und nach zu Mack in der Bettlerstadt gesellen oder der gesellschaftlichen Ordnung unterstellt sein. Das war eben der Sinn von Bachmanns Hinweis in ihrer Dankesrede zum Hörspielpreis der Kriegsblinden, dass es »den Austritt aus der Gesellschaft nicht gibt«.[42] Das Subversive an der angestrebten Liebesutopie untergräbt also nicht nur die Konventionen der gesellschaftlichen Ordnung, sondern auch die Zukunft des Liebespaars selbst. Der Wunsch nach einer utopischen Liebe führt die Liebenden in den Untergang, wie der gute Gott meint, es sei denn, dass die gesellschaftliche Ordnung einmal völlig anders ausgerichtet wäre. Im Kontext von Bachmanns gesamtem Schaffen ist der Glaube an eine Utopie oder eine Gegenzeit das Gute, woran man wächst. Dass sie niemals in der realen Welt realisiert wird, ist die besondere Tragik des menschlichen Lebens.

■ Die tragische Situation der Liebenden

42 Ebenda, S. 276.

Die Unmöglichkeit einer echten Gegenzeit wird am Ende der Liebesgeschichte veranschaulicht. Nach seiner passionierten Liebeserklärung will Jan nun seine Schiffskarte zurückgeben, doch nachdem er das Zimmer verlassen hat, besinnt er sich und begibt sich in eine Bar, wo er einen Drink bestellt, eine Zeitung liest und Radio hört, Aktivitäten, die mit seinem früheren, ›normalen‹ Leben identifiziert werden. Dass er die Schiffskarte nicht sofort zurückgibt, sondern zunächst zögert, rettet ihn vor der Bombe, die losgeht, als Jennifer das vom guten Gott gelieferte Paket öffnet. Jans innere Rückkehr zur alltäglichen Ordnung wird nun vom Richter zusammengefasst, wobei er sich im Ton und Klang der Sprache des guten Gottes bedient:

Jan kehrt zur Ordnung zurück

> »Weil [Jan] plötzlich [...] Lust verspürte, allein zu sein, eine halbe Stunde lang ruhig zu sitzen und zu denken, wie er früher gedacht hatte, und zu reden, wie er früher geredet hatte an Orten, die ihn nichts angingen [...]. Er war rückfällig geworden, und die Ordnung streckte einen Augenblick lang die Arme nach ihm aus. Er war normal, gesund und rechtschaffen wie ein Mann, der vor dem Abendessen ein Glas in Ruhe trinkt und aus seinem Ohr das Geflüster einer Geliebten und aus seinen Nüstern den hinreißenden Geruch verscheucht hat – ein Mann, dessen Augen sich wieder beleben an Druckerschwärze und dessen Hände sich schmutzig machen müssen an einer Theke.« (S. 93)

Der Versuch der Liebenden, nur füreinander zu leben und zu lieben, ohne auf die Umwelt zu achten, schafft ein hermetisch abgeriegeltes inneres Gefühlsleben in Jan und Jennifer, das nicht nachhaltig ist: Jan hat am Ende Zweifel, wie es weitergehen soll. Er will seine Zukunft allerdings nicht in Jennifers Anwesenheit überdenken, sondern alleine für sich in einer Bar. Der gute Gott kommentiert: »Er war gerettet. Die Erde hatte ihn wieder« (S. 93). Der Richter schließt nach diesen Worten das Verhör ab und lässt den guten Gott durch einen Nebenausgang entkommen. Die Gegenzeit wurde zwar angekündigt, trat aber nie ein.

Die utopische Liebe ist nicht nachhaltig

Eine absolute Liebe ist also unmöglich. Dennoch bietet sich, wenn der Mensch »in der Dunkelheit der Welt nicht aufgibt und nicht aufhört, nach dem Rechten zu sehen«,[43] im Scheitern die Gelegenheit zu wachsen, zu lernen und dadurch unsere Möglichkeiten im Leben zu erweitern.

Die weibliche Tragik

Die Liebesgeschichte dieses Hörspiels wird weitgehend aus der Perspektive Jennifers erzählt, obwohl Jan im Dialog der Liebenden oft mehr zu sagen hat als sie. Ihr Schicksal im Stück ist ein durchaus tragisches, denn in dem Moment, in dem die Realisierung ihres Liebestraums bevorsteht – Jan will seine Schiffskarte abgeben und bei ihr bleiben –, bricht eine äußere

43 Ebenda, S. 277.

Macht in ihr Leben ein und tötet sie. Bachmann betont allerdings in verschiedenen Reden und Schriften sowie durch die Aussagen des guten Gottes im Hörspiel, dass die intensive, utopische Liebe, die Jennifer anstrebt, in der modernen Welt nicht möglich ist. Die meisten Interpretationen der Liebesbeziehung dieses Stücks nehmen diesen utopischen Aspekt zum Ausgangspunkt. Einige andere Interpreten hingegen, wie Peter Beicken in seiner Monographie über Bachmann, sehen in der Entwicklung der Liebesbeziehung eine besondere Tragik der Frau aufgrund des ungleichen Machtverhältnisses zwischen Mann und Frau in der modernen Gesellschaft. Dass diese äußere Macht gesellschaftlicher Normen gegen die Liebe generell und insbesondere gegen die Selbstbestimmung der Frau vorgeht, fordert eine feministische Lesart des Stückes heraus.

■ Ungleiches Machtverhältnis zwischen Mann und Frau

Obwohl Jennifer die Beziehung mit Jan angeregt hat – sie spricht ihn im Bahnhof zuerst an und ist noch, bevor sie ihn persönlich kennenlernt, in ihn verliebt –, ist sie im weiteren Verlauf der Beziehung eher passiv: Sie lässt sich seine kalten und manchmal zynischen Bemerkungen gefallen, und stellt keine Forderungen an ihn. Durch ihre selbstlose und unschuldige Manier kontert sie Jans emotionale Brutalität mit einer bedingungslosen Liebe, die sie auf dem Höhepunkt der Ekstase im 57. Stockwerk mit extremen Bildern ausdrückt: »Könnt ich mehr tun, mich aufreißen für dich und in deinen Besitz übergehen, mit jeder Faser und wie es sein soll: mit Haut und mit

■ Jennifers Selbstopfer

Haar« (S. 76). Dennoch lässt sich die Bedingungslosigkeit von Jennifers Liebe auch in einer weiteren Passage erkennen, die an das Hohe Lied Salomons aus der Bibel erinnert:

> »Ich werde meine Haarbürste neben deine legen. Deine Bücher aufstellen. Deine Jacke aufhängen neben meinen Röcken. Ich möchte jetzt alles so hinlegen und stellen, als blieb es für immer. Welch ein Augenblick! Und ich will mir einprägen für immer: die stille Nacht und die feuchte Glut, die glänzende Insel, über der wir sind, und das Licht, das wir hier abbrennen werden, um ihr noch Glanz hinzuzufügen, zu niemandes Ehren.« (S. 74)

Jennifer ist nach wie vor bereit, ihre Identität für eine Vereinigung in der Liebe zu opfern. Schon in der ersten Szene im Zentralbahnhof New Yorks deutet Bachmann an, dass Jennifer keine klare Selbstidentität besitzt: »Es waren so viele Stimmen da, und ihre war nichtig« (S. 14). Sie hat also keine eigene identifizierbare Stimme. Im folgenden Verlauf der Liebesbeziehung unterstreicht Jennifer wiederholt diese Schwäche, die zu ihrer erniedrigenden Behandlung durch Jan führt. Jedoch ist es nicht nur die Ordnung der Welt, die ihre Selbstbestimmung frustriert, sondern auch ihre eigene Gefügigkeit, die so etwas ermöglicht. Nach der abgebrochenen Trennung, als Jan sie ins Hotel zurückholen will, erkennt das Jennifer selbst. Sie erklärt z. B., sie habe keine Angst, auf der

Straße ihr Gesicht zu verlieren: »Weil jeder sehen kann, daß ich bald ganz verloren sein werde, und fühlen kann, [...] daß ich mich jetzt hinrichten ließe von dir oder wegwerfen wie ein Zeug nach jedem Spiel, das du ersinnst« (S. 55). Das Machtgefüge zwischen den beiden ähnelt also in manchen Aspekten sogar einem Herr-Sklavin-Verhältnis Wie sich die Liebesbeziehung entwickelt, verrät auch die Bevormundung Jennifers durch Jan, wenn er sie beispielsweise auf offener Straße mit Schlägen bedroht und sie sich ihm dabei ganz ergeben fügt. Aber bereits noch früher in der Beziehung bekommt der Leser einen Hinweis darauf, dass Jennifer an ihrem Leiden nicht ganz unschuldig ist, denn die »märtyrerhafte[n] Wundmale an den Händen«,[44] die Jan durch das Eingraben seiner Fingernägel verursacht, erfolgt auf ihren eigenen Wunsch hin, wie Jan bestätigt: »Hast du mich nicht aufgefordert zu allem? Es ist mir noch nie in den Sinn gekommen, jemand so weh zu tun« (S. 26). Bachmann schildert hier das Risiko in der Liebe, verletzt zu werden, ob psychisch oder physisch, und Jennifer ist vollkommen bereit, für ihr Ideal zu leiden, auch wenn das einen gewissen Selbstverlust mit sich bringt.

■ Herr-Sklavin-Verhältnis

■ Jennifers Anteil an der eigenen Erniedrigung

Jennifers »weibliche Bereitschaft zur bedingungslosen Selbstaufgabe«[45] ist zugleich das Resultat von Jans Machtausübung ihr gegenüber sowie auch eine der Liebe innewohnende Eigenschaft. Die Herr-

44 Beicken (s. Anm. 4), S. 118.
45 Ebenda.

schaftsverhältnisse in den Beziehungen zwischen Mann und Frau sind dabei untrennbar mit den Machtstrukturen der Gesellschaft verbunden, die keine uneingeschränkte Selbstbestimmung erlauben. Diesen Zusammenhang von Privatem und Öffentlichem nennt Bachmann 1971 in einem Interview »die Krankheit unserer Zeit«,[46] die mit einer »krankhaften Einstellung des Mannes zur Frau« weitgehend identisch ist. Diese »Krankheit der Männer«[47] zeigt sich in der Beziehung Jans zu Jennifer.

Machtstrukturen in der Liebe

Krankhafte Einstellung des Mannes zur Frau

Bis in die letzte Phase der Beziehung hinein, in der er mit seiner poetischen Liebeserklärung eigentlich plötzlich verändert erscheint, weist Jans Verhalten Symptome dieser Krankheit auf. Sein Verhalten gegenüber Jennifer ist mit dem Gesetz der Welt völlig konform, was vor allem seine Liebesbeteuerung im 57. Stock verdeutlicht. Hier fasst er Jennifer nicht als Person auf, sondern nach wie vor nur als sinnliches Objekt, als Körper, den der gute Gott »das hinfälligste Material der Welt« (S. 46) nennt:

Symptome der Krankheit des Mannes

> »Und ich möchte ein Buch haben, aus dem ich erfahre, was in dir vorkommt, Klima, Vegetation und Fauna, die Erreger deiner Krankheiten und ihre stummen verbissenen Gegner in deinem Blut, und die Lebewesen, die allerkleinsten, die ich mir herüberhole mit meinen Küssen. […]
> Alle Schichten bloßgelegt. Die Decken feinen Flei-

46 Bachmann (s. Anm. 1), S. 72.
47 Ebenda, S. 70.

> sches, weiße seidige Häute, die deine Gelenke umhüllen, die entspannten Muskeln, schön polierte Knochen und den Lack auf den bloßen Hüftkugeln. Das rauchige Licht in deiner Brust und den kühnen Schwung dieser Rippen. Alles sehen, alles schauen.« (S. 75 f.)

Jans Unfähigkeit, sich Jennifer emotional völlig hinzugeben, sieht Bachmann als den Anknüpfungspunkt zwischen der Krankheit des Mannes und der Verkehrtheit der Welt. Dass Jan in seinem Herzen so ist, und im Einklang mit den Erwartungen des guten Gottes und dessen Ordnung lebt, wird gerade am Anfang des Hörspiels symbolisch angedeutet, wenn Jennifer ihm Nüsse – Jan nennt sie »Eichhörnchenfutter« (S. 19) – aus dem Automaten anbietet. Jan wird damit mit den Nagetieren Billy und Frankie in Verbindung gebracht, die dem guten Gott als einer höheren Macht dienen, aber nicht der der Liebe.

Liebe bedarf einer neuen Sprache

Der Versuch dieses Hörspiels, das Wesen einer bestimmten Epoche bzw. einer bestimmten Gesellschaft am Beispiel zweier Liebenden herauszuarbeiten, verlangt jedoch, so die Autorin, eine andere Sprache: »Das heißt doch nicht, daß man die Sätze nachspricht, die diese Gesellschaft spricht, sondern sie muß sich anders zeigen«.[48] Im Gespräch mit dem Richter über frühere Attentate auf Liebespaare, die der gute Gott verübt hatte, betont er, dass die Lieben-

48 Ebenda, S. 71 f.

den jedes Mal versucht hatten, in einer neuen, eigenen Sprache zu sprechen: »Jede [Liebes-]Geschichte fand in einer anderen Sprache statt. Bis in die Wortlosigkeit verlief jede anders« (S. 79). Die Unvereinbarkeit der beiden Welten von gesellschaftlicher Wirklichkeit und Liebe offenbart sich also in dem wesentlichen Unterschied zwischen der Sprache des Mannes und der der Frau.

Sprache als Mittel der Manipulation

Jan manipuliert mit Hilfe seiner zynischen und ironischen Wortspiele Jennifer, so etwa, wenn er verspricht, ihr nach seiner Rückkehr zu schreiben. Sie reagiert gutgläubig – »Du wirst mir wirklich schreiben?« –, worauf Jan antwortet: »Nein. Das war ein Scherz« (S. 47). An einer anderen Stelle möchte sie ihn besser kennenlernen und bittet ihn, über sich zu erzählen. Er weigert sich mit den Worten: »Was hättest du davon [?]« (S. 65). Viele solche Beispiele im Dialog zwischen Jennifer und Jan lassen die Sprache Jans nicht als Verständigungsmittel erscheinen, sondern als ein Machtinstrument. Und seine leidenschaftlichen Liebeserklärungen gegen Ende des Stücks wirken angesichts seiner Aggressivität und seiner Drohungen gegenüber Jennifer umso überraschender und zugleich etwas fragwürdig. Dieser Verdacht, dass er es letztlich doch nicht ernst meint, erweist sich als zutreffend, als Jan sich am Ende des Stücks in die Bar begibt und seine Versprechen an Jennifer vergisst.

Jennifers Liebeserklärung

Viel echter und konsequenter klingen Jennifers Äußerungen ihrer Liebesgefühle im 57. Stockwerk, obwohl sie zuvor im Stück meist nur mit kurzen Sätzen auf Jans Provokationen oder Wortspiele reagiert und selten ihre eigenen Empfindungen formuliert. Das ändert sich in der Endphase der Beziehung, in der Jennifer glaubt, ihrem Ziel der Liebesutopie nahe zu sein. Und nachdem Jan entscheidet: »Ich kann nie mehr gehen« (S. 84), antwortet Jennifer wie eine unterwürfige Sklavin und nicht wie eine gleichgestellte Partnerin in der Liebe:

> »Auf den Knien vor dir liegen und deine Füße küssen? Ich werde es immer tun. Und drei Schritte hinter dir gehen, wo du gehst. Erst trinken, wenn du getrunken hast. Essen, wenn du gegessen hast. Wachen, wenn du schläfst.« (S. 84)

Von einer Gleichberechtigung Jennifers in der Beziehung kann keine Rede sein. Und als sie den guten Gott nach Lieferung des Bombenpakets in den letzten Minuten ihres Lebens bittet, das Zimmer zu verlassen, unterstreicht sie unbewusst dessen Rechtfertigung der bevorstehenden Mordtat:

■ Jennifers Worte bestätigen den guten Gott

> »Gehen Sie, bitte, weil ich zu niemand reden darf. Ich liebe. Und ich bin außer mir. Ich brenne bis in meine Eingeweide vor Liebe und verbrenne die Zeit zu Liebe, in der er hier sein wird und noch nicht hier ist. Ich bin gesammelt über den Augenblick hinaus bis in meinen letzten und liebe ihn. Gehen Sie endlich. Sehen Sie mich nicht so an. Atmen Sie nicht

> diese Luft hier. Ich brauche sie. Ich liebe. Gehen Sie fort von hier. Ich liebe.« (S. 88)

Die Ereignisse und Zufälle, Träume und Rückschläge, aus denen sich die weibliche Tragik dieses Hörspiels zusammensetzt, bilden in gewisser Hinsicht auch die wesentlichen Bausteine von Bachmanns gesamtem Lebenswerk. Darin steckt jedoch auch ein autobiographisches Element aus den Wiener Jahren der Autorin, die die Hintergründe ihrer Auffassung von der Liebe und der Unfähigkeit der Männer, eine echte, dauernde Liebesbeziehung einzugehen, beleuchtet. Die Autorin hat selbst 1971 die bedeutende Funktion der frühen Erlebnisse für ihr Werk konstatiert:

■ Die Bedeutung autobiographischer Elemente

> »Die Jugendjahre sind, ohne daß ein Schriftsteller es anfangs weiß, sein wirkliches Kapital. Die ersten Begegnungen mit Menschen, einer Umwelt. Was später dazukommt, was man für viel interessanter hält, bringt seltsamerweise fast nichts ein. Nur daß man erst in späteren Jahren überhaupt zu begreifen anfängt, was man mit dem ersten Blick gesehen hat […].«[49]

Im September 1947 lernte Bachmann ihren künftigen Mentor Hans Weigel kennen. Kurz darauf entwickelte sich zwischen Bachmann und dem fast zwanzig Jahre älteren Weigel »eine sehr intensive Freund-

49 Ebenda, S. 79.

schaft«[50], die zumindest die einundzwanzigjährige Bachmann als Liebesverhältnis betrachtete.

Bachmanns Liebesbeziehung mit Hans Weigel

In ihren Briefen an Weigel zwischen 1948 und 1951 spricht sie nicht selten von dem Wunsch, mit ihm ein gemeinsames Leben zu führen. Doch bleibt ihr dieser Wunsch verwehrt, da ihr Mentor und Geliebter höchstens zu einer offenen Beziehung bereit ist. Über die Zeit zwischen September 1947 und Mai 1948, in der sie sich oft bei Weigel aufhält, schreibt Bachmann, »da war ich dem so nahe, oder ich habe es schon besessen. Wird das alles nochmals sein, und ist das von Dauer?«.[51] Sie hofft auch, ihn davon überzeugen zu können, dass dem Menschen von Natur aus eigentlich eine Neigung zur Exklusivität in der Liebe innewohne: »[…] gel es ist schon komisch, wie man immer, was man auch tut und anstellt, wie sehr man auch mit anderen möcht und tut, weiss und spürt, wie monogamisch man ist«.[52] Der Ausschließlichkeitsanspruch, zu dem Jennifer und Jan in ihrer Beziehung gelangen, war auch damals die Hoffnung Bachmanns in ihrer Beziehung mit Weigel. In beiden Fällen ist jedoch nichts daraus geworden.

Konventionelle Auffassung der Liebe in Wien

Sie erfuhr im März 1951, dass Weigel heimlich plante, eine andere Frau zu heiraten. Dieser Schock wirkte offenbar lange nach und wurde von der Dichterin in

Liebesenttäuschung und ihr Niederschlag im Werk

50 Hans Weigel, *In Memoriam*, Graz 1979, S. 15.

51 Brief Ingeborg Bachmanns an Hans Weigel vom 3.6.1948. Zitiert nach McVeigh (s. Anm. 15), S. 146.

52 Brief Ingeborg Bachmanns an Hans Weigel vom 21.6.1948. Zitiert nach McVeigh (s. Anm. 15), S. 146.

ihren darauffolgenden Werken aufgearbeitet, wie zum Beispiel in der späteren Erzählung *Simultan* (1968), in der, wie sie es 1972 in einem Interview formuliert: »ein Mann einer Frau nicht sagt, daß er sie eigentlich schon verlassen hat und zu einer anderen geht, der er wiederum nicht sagt, daß er mit der anderen eine Beziehung gehabt hat«.[53] Die große Enttäuschung der Dichterin über ihre gescheiterten Beziehungen findet auch in zwei Erzählungen der Sammlung *Das dreißigste Jahr* (1961) ihren literarischen Ausdruck. Mit der Schmährede der Wassernixe auf »Ihr Ungeheuer mit Namen Hans!« formuliert Bachmann in der kurzen Geschichte *Undine geht* (1961) die erste Kriegserklärung im »ewigen Krieg zwischen Mann und Frau«, der dann den *Todesarten*-Romanen zugrunde liegt. Obwohl Undines Rede nicht direkt auf Bachmanns Leben in Wien hindeutet, lassen zahlreiche in der Erzählung verwendete Formulierungen und sprachliche Bilder auf die Erfahrung der Dichterin mit Hans Weigel schließen. In Undines Verweis auf die »Eintagsfrauen, Wochenendfrauen, Lebenslangfrauen«[54] hört man zum Beispiel die Stimme der ernüchterten jungen Dichterin, deren Geliebter eine andere heiratet. Weil sie ihn aber noch nicht loslassen will, wirft sie ihm Betrug und Heuchelei vor:

> »Hast du nicht gesagt: Meine Frau, ja, sie ist ein wunderbarer Mensch, ja, sie braucht mich, wüßte

53 Bachmann (s. Anm. 1), S. 116.
54 *Werke* (s. Anm. 5), Bd. II, S. 255.

> nicht, wie ohne mich leben –? Hast du's nicht gesagt! Und hast du nicht gelacht und im Übermut gesagt: Niemals schwer nehmen, nie dergleichen schwer nehmen. […] Ihr Ungeheuer mit euren Redensarten […].«[55]

Der gute Gott von Manhattan steht also offensichtlich in dieser Reihe von Werken, in denen Bachmann die Gespenster ihrer Vergangenheit in Wien aufarbeitet. Aber *Der gute Gott von Manhattan* ist mehr als eine Abrechnung mit Bachmanns Vergangenheit. Das Hörspiel lässt in den kleinen Betrügereien der Liebe auch »die Keime für all das, was die großen Taten und die großen Untaten sind«,[56] erkennen, die »Todesarten« ihres späteren Schaffens. Die Konstellation Liebe und Tod, wie sie in diesem Stück dargestellt wird – Jans Liebeserklärung spricht von dem »Abgrund[] […], in den ich stürze mit dir« (S. 77) –, verbindet den Mord an Jennifer mit gesellschaftlichen Kräften, die die ungezügelte Sexualität der Frau als etwas Subversives und Gefährliches ansehen.

■ Liebe und Tod; die Todesarten der Gesellschaft

■ Die Sexualität der Frau als etwas Subversives

Ingeborg Bachmanns letztes Hörspiel gilt heute als künstlerisches Meisterstück dieser Gattung, das eine deutliche thematische und sprachliche Entwicklungslinie aufweist, die bis ins Spätwerk der Dichterin führt.

55 Ebenda.
56 Bachmann (s. Anm. 1), S. 116.

7. Autorin und Zeit

Ingeborg Bachmann wurde am 25. Juni 1926 in Klagenfurt als ältestes von drei Kindern des Schullehrers Mathias Bachmann und seiner Frau Olga geboren. Zu den prägenden Erlebnissen ihrer Jugend gehörte der Zweite Weltkrieg, insbesondere der Einmarsch deutscher Truppen in Klagenfurt am 12. März 1938. In einem Interview aus dem Jahr 1971 meinte die Autorin: »Es hat einen bestimmten Moment gegeben, der hat meine Kindheit zertrümmert. Der Einmarsch von Hitlers Truppen in Klagenfurt. Es war etwas so Entsetzliches, daß mit diesem Tag meine Erinnerung anfängt […]«; dieses Erlebnis erregte in ihr »das Aufkommen meiner ersten Todesangst«.[57] Dieses Empfinden begleitete sie durch ihr ganzes Leben hindurch und findet unter anderem in den Erzählungen *Jugend in einer österreichischen Stadt* (1959) und *Unter Mördern und Irren* (1961) sowie in dem unvollendeten Prosatext *Der Tod wird kommen* (1965) und in den Traumsequenzen ihres Romans *Malina* (1971) einen literarischen Niederschlag.

- Entdeckung der Todesangst als Kind
- Aufarbeitung der Kriegserlebnisse im literarischen Werk

Schon als Zwölfjährige fing sie an zu dichten und im Lauf der nächsten Jahre Werke der literarischen Moderne zu lesen. Von ihren frühen Werken sticht die Erzählung *Das Honditschkreuz* (1943) heraus, die in der Zeit der Kriege gegen Napoleon spielt und die Verherrlichung des Krieges aufs Korn nimmt.

57 Ebenda, S. 111.

1945 begann Bachmann ihr Studium der Fächer Literatur, Kunst und Jura in Innsbruck und Graz und ging schließlich im Oktober 1946 nach Wien, wo sie Philosophie und Psychologie studierte. 1950 promovierte sie mit einer Dissertation über den Philosophen Martin Heidegger (1889–1976). In Wien lernte sie den Autor und Kritiker Hans Weigel (1908–1991) kennen, mit dem sie eine Liebesbeziehung einging, die bis zum Sommer 1951 andauerte. Weigel vermittelte ihr zwischen 1948 und 1950 journalistische Arbeiten bei den Zeitschriften *Der Turm*, *Die Europäische Rundschau*, *Film*, *Der Optimist* und anderen. In dieser Zeit veröffentlichte sie im Dezember 1948 ihre ersten Gedichte in der von Hermann Hakel herausgegebenen Zeitschrift *Lynkeus* sowie im Frühjahr 1949 eine Reihe von Erzählungen in der *Wiener Tageszeitung*. Nach der Promotion unternahm sie eine Reise nach Paris und London. In Paris wohnte sie bei dem jüdisch-rumänischen Dichter Paul Celan, den sie 1948 in Wien kennengelernt hatte und mit dem sie bis zu seinem Tod im Jahre 1970 befreundet war.

■ Studium der Philosophie in Wien 1946–50

■ Erste Veröffentlichungen

Nach dieser Reise kehrte sie im März 1951 nach Wien zurück, wo sie durch die Vermittlung ihrer Freundin und Mentorin, der Journalistin Elisabeth »Bobbie« Löcker, eine Arbeit im Sekretariat der amerikanischen Besatzungsmacht in Wien bekam. Wenige Monate später wurde sie als Redakteurin und Script-Writer im amerikanischen Besatzungssender Rot-Weiß-Rot angestellt. Hier erlernte sie die Techniken des Hörfunkjournalismus und schrieb neben

■ Arbeit beim Sender Rot-Weiß-Rot

Abb. 4: Das Titelblatt des *Spiegel* mit einem Ausschnitt einer Fotografie von Herbert List. – © DER SPIEGEL 34/1954

vielen anderen Sendungen, darunter die humoristische Sendereihe *Die Radiofamilie*, ihr erstes von drei Hörspielen, *Ein Geschäft mit Träumen* (1952). Ihr Kollege in der Redaktion des Senders, Peter Weiser, lobte Bachmanns »untrügliches Gefühl für die Möglichkeiten dieses Mediums« und merkte an: »Sie hatte die Gabe, die nur Genies eignet: Ideen sich nicht nur multiplizieren, sondern potenzieren zu lassen«.[58]

Bachmann und die *Gruppe 47*

Im Frühjahr 1952 wurde Bachmann zu einem Treffen der westdeutschen Schriftstellervereinigung *Gruppe 47* eingeladen, einem von Hans Werner Richter geleiteten, lockeren Verein von jüngeren Autoren, unter ihnen die künftigen Literatur-Nobelpreisträger Heinrich Böll und Günter Grass, die sich mit Fragen der deutschen Vergangenheit und Nachkriegsgesellschaft auseinandersetzten. Bachmanns Anerkennung durch die Gruppe – 1953 wurde ihr der Preis der Gruppe zuerkannt – führte zu ihrem Durchbruch auf dem deutschen Literaturmarkt. Kurz darauf wurde ihr sogar das Titelblatt einer *Spiegel*-Nummer gewidmet. Das Erscheinen ihres ersten Gedichtbands, *Die gestundete Zeit*, im Jahre 1953 und drei Jahre später eines zweiten Gedichtbandes mit dem Titel *Anrufung des Großen Bären* sicherte ihr den Ruf als eine der bedeutendsten Lyrikerinnen der literarischen Moderne nach 1945.

Aufgrund dieser Erfolge beschloss Bachmann im Sommer 1953, aus Wien abzureisen, in der Hoffnung,

58 Peter Weiser, *Wien stark bewölkt*, Wien 1984, S. 104.

sich nun als freie Schriftstellerin durchschlagen zu können. Sie zog nach Italien, zuerst auf die Insel Ischia, dann nach Rom, das sie »mein erstgeborenes Land« nennt.[59] Doch die Honorare und Aufträge reichten vorerst nicht aus und sie musste sich nochmals der Medienarbeit zuwenden: »Ich habe fast zu früh aufgehört mit der festen Arbeit, schon 1953. Weil ich damals einmal 1000 Mark als Honorar bekam, habe ich halt gedacht, davon könnt' ich ein ganzes Leben leben. Aber das ging nur kurze Zeit gut, und dann nahm ich wieder eine Nebenarbeit an.«[60] 1954–55 arbeitete sie für Radio Bremen und die *Westdeutsche Allgemeine Zeitung* als Auslandskorrespondentin in Rom und 1957 als Dramaturgin für das Bayerische Fernsehen.

■ Übersiedlung nach Italien

Gegen Ende der 50er Jahre engagierte sie sich, zusammen mit anderen Schriftstellerkollegen der *Gruppe 47*, für verschiedene politische Protest-Aktionen, zum Beispiel gegen die Atomrüstung in Deutschland (1958), gegen den Vietnam-Krieg (1965), gegen die Verjährungsfrist für NS-Verbrechen (1965) sowie 1965 im Wahlkampf für den sozialdemokratischen Kanzlerkandidaten Willy Brandt. Doch als Künstlerin sah sie ihre Hauptverantwortung nicht darin, sich an tages- oder parteipolitischen Debatten zu beteiligen. In einem Interview aus dem Jahr 1963 erklärte sie, ihre erste Passion sei nach wie vor die Philosophie,[61] ins-

■ Politisches Engagement

59 *Werke* (s. Anm. 5), Bd. 1, S. 119.
60 Bachmann (s. Anm. 1), S. 112.
61 Ebenda, S. 42.

besondere die Beschäftigung mit breiter angelegten Fragen der menschlichen Existenz, menschlicher Beziehungen und der Rolle des Individuums und des Künstlers in der Gesellschaft. In einer Rede anlässlich der Verleihung des Anton-Wildgans-Preises im Mai 1972 äußerte sie sich rückblickend auf die 60er Jahre zur Effektivität ihres politischen Engagements in Deutschland:

> »[...] es ist mir nur noch nie aufgefallen, daß ich oder andre etwas beitragen konnten zu diesen großen [politischen] Entscheidungen, mit Unterschriften für, mit Unterschriften gegen, und wenn es zufällig aussieht, als hätte auch ich mein Teil getan, nach bestem Wissen und Gewissen, so weiß ich doch, daß ich nichts bewirkt habe auf diese Weise, ich habe noch keinen Krieg beenden können, denn Schriftsteller verfügen über keine Macht, keinen Einfluß.«[62]

Ihr Schriftstellerkollege aus der *Gruppe 47*, Heinrich Böll, sah jedoch in ihrem Schreiben die Politik als Konstante: »Man sollte nicht versuchen, diese Art Mut und Engagiertheit aus der großen Dichterin herauszudividieren, denn das eine gehört zum anderen«.[63]

In ihrem Frühwerk (1946–52) schrieb Bachmann mehr Prosatexte als Gedichte. Ihre erste Veröffentli-

62 *Werke* (s. Anm. 5), Bd. IV, S. 296.
63 Zitiert nach Hans Höller, *Ingeborg Bachmann*, Reinbek b. Hamburg 1999, S. 131.

Bachmanns Prosatexte und das Thema der Liebe

chung überhaupt war die 1946 in der *Kärntner Illustrierten* erschienene Erzählung *Die Fähre*, auf die drei Jahre später eine Reihe von Kurzgeschichten in der *Wiener Tageszeitung* folgte. Und sie vollendete nach Abschluss ihres Studiums im Jahre 1950 auch einen Roman mit dem Titel *Die Stadt ohne Namen*, dessen Manuskript sie allerdings Ende 1952 vernichtete. Erst 1961 trat sie mit einer neuen Sammlung von Erzählungen wieder an die Öffentlichkeit. Diese Sammlung trägt den Titel *Das dreißigste Jahr* und greift verschiedene Themen auf, die im Mittelpunkt ihres späteren Werkes stehen werden, darunter die (Un-)Möglichkeit einer echten Liebe in der modernen Welt, wie sie im Hörspiel *Der gute Gott von Manhattan* behandelt wird. Zu den bekanntesten Erzählungen dieser Sammlung zählt *Undine geht*, die eine moderne Variante der alten Legende von einer Wassernixe und ihrer Liebe zu einem Mann namens Hans beschreibt, die mit der Rückkehr der Titelfigur ins Wasser endet. Dennoch gibt die Nixe trotz ihres Scheiterns die Hoffnung nicht auf, dass die Utopie einer echten Liebe möglich ist.

Ein Großteil von Bachmanns Werk kreist um dieses Thema, das schon früh in den *Briefen an Felician* (1945–46) auftaucht. In ihrer Liebesbeziehung mit dem Autor und Kritiker Hans Weigel glaubte sie »[d]ie größte Wegruhe, das stärkste Zuhause« in der Liebe gefunden zu haben.[64] In dieser Zeit lernte sie

64 Vgl. Bettina Steiner, »›Die größte Wegruhe, das stärkste Zuhause‹. Briefe Ingeborg Bachmanns an Hans Weigel von 1948 bis 1953«, in: *Die Presse* vom 14. August 1998, S. 23.

auch den jüdischen Dichter Paul Celan kennen, der 1945 aus Rumänien nach Österreich umgesiedelt war, und stellte sich auch ein eventuelles Leben mit ihm zusammen vor. Doch beide Liebesbeziehungen scheitern, die mit Weigel im Sommer 1951 und die mit Celan wenige Monate später. Bachmann nennt diesen Abschnitt ihres Lebens die Zeit des »heroischen Nihilismus«.[65] Was dabei herauskam, war zunächst ein eher düsteres Bild des Lebens als »ungeheuerliche Kränkung«.[66]

Um diese Zeit beginnt sie mit der Arbeit an ihrem ersten Hörspiel, *Ein Geschäft mit Träumen*, das im Februar 1952 seine Premiere im Sender Rot-Weiß-Rot erlebt. Hier bearbeitet sie das Thema, das in ihrem Werk immer wieder in vielen Varianten vorkommt: die Unmöglichkeit einer utopischen Liebe in der modernen Gesellschaft. Der kleine Büroangestellte Laurenz hegt Liebesgefühle für seine Kollegin Anna, spricht aber nie mit ihr darüber. In einer Wiener Einkaufsstraße kommt er in einen dunklen mysteriösen Laden, in dem ihm seine Träume und heimlichen Wünsche wie im Kino vorgeführt und zum Kauf angeboten werden. In einem dieser Träume wird seine Vereinigung mit Anna in der Liebe phantasievoll dargestellt. Als Laurenz erfährt, dass der Preis für diesen Traum nicht Geld, sondern Lebenszeit kostet, lehnt er das Geschäft ab und geht. Der gewohnte Lebensstil

Bachmanns erstes Hörspiel: *Ein Geschäft mit Träumen*

65 Brief Ingeborg Bachmanns an Hans Weigel vom 2.8.1951. Zitiert nach McVeigh (s. Anm. 15), S. 153.

66 Bachmann (s. Anm. 1), S. 77.

und das alltägliche Arbeitspensum verhindern die Realisierung einer Liebesutopie. Wie Jan in *Der gute Gott von Manhattan* zieht er sich aus dem Bereich des Utopischen wieder in die gewohnte Bequemlichkeit des Alltags zurück.

- Bachmanns zweites Hörspiel: *Die Zikaden*
- Flucht vor Realität als Thema

Zentral für Bachmanns zweites Hörspiel, *Die Zikaden* (1955), ist nicht die Liebe zwischen Mann und Frau, sondern die Flucht vor einer unangenehmen Realität, symbolisiert durch Menschen, die sich auf eine Insel zurückziehen, und die Stellung des Individuums in der Gesellschaft. Das dritte und letzte Hörspiel Bachmanns, *Der gute Gott von Manhattan* (1958), vereint beide Themenbereiche und enthält die erste Darstellung der »Todesarten«-Thematik, die ihr Spätwerk kennzeichnet.

- Bachmanns Beziehung mit Max Frisch

Nach ihrer Abreise aus Wien im Sommer 1953 war Bachmanns Hauptwohnsitz vorwiegend in Rom. In den darauffolgenden Jahren arbeitete sie mit dem Komponisten Hans Werner Henze (1926–2012) an zwei Opern, für die sie die Libretti schrieb. Von Zeit zu Zeit weilte sie in diesen Jahren auch in Deutschland oder in der Schweiz. 1957 zum Beispiel nahm sie eine Stelle als Dramaturgin bei der Fernsehabteilung des Bayerischen Rundfunks an, wo sie unter anderem an dem Hörspiel *Der gute Gott von Manhattan* arbeitete. Die Ursendung des Stücks im Mai 1958 veranlasste den Schweizer Autor Max Frisch, Bachmann zu schreiben, wie sehr ihn das Hörspiel beeindruckt hatte, zumal es eine für die damalige deutschsprachige Literatur ungewöhnliche Liebesgeschichte aus der

Perspektive der Frau zeigte. Aus dieser Korrespondenz entstanden eine Freundschaft und Beziehung zwischen den beiden, und kurz darauf zog sie zu ihm nach Zürich. Doch Ende 1962 ging die Beziehung zu Ende, worüber sie tief betroffen war. Mit Hilfe eines Stipendiums der Ford Foundation zog sie 1963 für zwei Jahre nach Berlin, wo sie an einem Roman mit dem vorläufigen Titel »Todesarten« arbeitete. 1964 unternahm sie mit dem jungen Autor Adolf Opel Reisen nach Prag und nach Ägypten, die ihr psychisch halfen, ihre tiefe Bestürzung über die gescheiterte Beziehung mit Frisch zu ertragen. Dennoch traten in der Berliner Zeit die ersten Anzeichen einer Abhängigkeit von Medikamenten (Schlaftabletten und Beruhigungsmittel) auf. Entzugsveruche schlugen fehl. Ihre Abhängigkeit von Betäubungsmitteln trug dazu bei, dass Bachmann schwere Brandverletzungen erlitt, als sie im Oktober 1973 beim Rauchen im Bett einschlief und zu spät merkte, dass das Bett in Brand geraten war.

■ Reisen nach Prag und Ägypten

Von den geplanten vier Romanen des »Todesarten-Zyklus« ist nur einer vollendet, der Roman *Malina*, der 1971 erschien. Auch hier beschäftigt sich Bachmann mit einer Liebesgeschichte, allerdings mit negativem Vorzeichen: Die Hauptfigur dieses Romans wird in eine weibliche (das Ich) und eine männliche Persona (Malina) geteilt. In gewisser Hinsicht ist dieses Werk Bachmanns Gegenstück zu Hans Weigels Schlüsselroman *Unvollendete Symphonie* über seine frühere Liebesbeziehung mit

■ Der *Todesarten-Zyklus* und der Roman *Malina*

Bachmann.[67] Die Autorin selbst legt in einem Interview aus dem Jahr 1971 nahe, dass ihr Roman in einigen Aspekten von ihrer Beziehung zu Weigel handelt, indem sie über die weibliche Protagonistin sagt: »Es wird von ihrer Jugend gesprochen, aber was sich in den entscheidenden Jahren von 18 bis 25 ereignet hat, die Zerstörung ihrer Person, das wird in Träume verlegt«.[68] Diese Zeitspanne umfasst in ihrem eigenen Leben genau ihre Jahre in Wien zwischen 1946 und 1951, als sie mit Weigel liiert war. Aber der Roman sollte auch eine Abrechnung mit dem Schweizer Schriftsteller Max Frisch sein, der in seinem 1964 erschienenen Roman *Mein Name sei Gantenbein* die Beziehung mit Bachmann kritisch thematisierte.

Verarbeitung persönlicher Rückschläge in *Malina*

Bachmann geht in ihrem Roman *Malina*, der trotz einer anfangs schwachen Beurteilung der Kritik zum Bestseller wurde, über die persönlichen Rückschläge und Zusammenbrüche hinaus und veranschaulicht die inneren Triebkräfte der Menschen, die bei der Zerstörung anderer am Werke sind. Es geht im Roman »um den verschwiegenen Zusammenhang zwischen Literatur und Verbrechen«,[69] wobei die Verbrechen in erster Linie aus »Indiskretion oder Hochverrat

67 Siehe Elke Brüns, »Apokryphe Erinnerung. Zu den intertextuellen Bezügen von Ingeborg Bachmanns *Malina* und Hans Weigels *Unvollendete Symphonie«, in: Zeitschrift für deutsche Philologie* 113 (1994) H. 2, S. 277–292.

68 Bachmann (s. Anm. 1), S. 108.

69 Höller (s. Anm. 63), S. 117.

am anderen« bestehen.[70] Das Opfer im Roman, die Ich-Figur, die am Ende in der Wand verschwindet, wird nicht mehr öffentlich bzw. körperlich hingerichtet, wie der gute Gott es bevorzugt, sondern das Töten wird ins Innere des Menschen verlagert und durch »die privaten Verbrechen, bei denen jemand in den Tod getrieben wird« ersetzt.[71] Die Liebesbeziehung wird nicht mehr von außen vernichtet, sondern zerstört sich selbst auf subtilere Weise.

Der 1971 erschienene Roman sollte der Auftakt zum *Todesarten*-Projekt sein, einem geplanten Zyklus von vier Romanen. Man könnte jedoch mit Recht dem Hörspiel *Der gute Gott von Manhattan* diese Funktion zuschreiben, denn hier wird zum ersten Mal im Werk der Autorin, wenn auch etwas umrisshafter, die Konstellation Liebe, Gewalt und Tod literarisch dargestellt. Bachmanns Worte im Interview aus dem Jahr 1971 über den Roman könnten ohne Weiteres auch für das Hörspiel gelten: »Ja, Liebe führt in die tiefste Einsamkeit. [...] Sie will Ewigkeit, führt aber daher immer zum Untergang. [...] Sie drückt sich nicht durch ein Geschehen aus, sondern durch Intensität, durch Fanatismus. Diese Art von Liebe kann nicht in der Zeit bestehen«.[72] Insofern kann man Bachmanns Hörspiel als Basiswerk des *Todesarten*-Projekts betrachten, denn es enthält die gleichen Komponenten wie das spätere Projekt, einschließlich

Bachmann über Liebe, Einsamkeit und Untergang

70 *Werke* (s. Anm. 5), Bd. III, S. 543.
71 Höller (s. Anm. 63), S. 122.
72 Bachmann (s. Anm. 1), S. 74.

Unterschied zwischen *Malina* und *Der gute Gott von Manhattan*

des dunklen Tones, an dem viele Kritiker Anstoß nahmen. Das Hörspiel unterscheidet sich jedoch von *Malina* in der hoffnungsvollen Darstellung einer dem Menschen innewohnenden Kraft, die nach einer Utopie strebt, während der Roman auf einem viel düsteren Fundament ruht. Anfangs schreibt die Ich-Figur die Worte »Der Tag wird kommen«, was die Hoffnung auf eine bessere Welt ausdrücken soll. Am Ende des Romans ist diese Einstellung für die weibliche Hauptfigur nicht mehr tragbar und sie schreibt nun »Kein Tag wird kommen«, denn, so Bachmann, »es wird kein Tag kommen. Wir werden immer so leben«.[73] Vor allem in dem oft erörterten Traum-Kapitel des Romans will Bachmann das Wesen der modernen Welt erfassen, die die Hoffnung vernichtet: »Und für mich bin ich ganz sicher, daß in den Träumen alles drin steht, was an Furchtbarkeit in dieser Zeit geschieht, und daß wir alle ermordet werden.«[74]

Abbruch der Arbeit am *Todesarten*-Zyklus

In den 60er Jahren veröffentlichte Bachmann relativ wenig, während sie an den Romanen des *Todesarten*-Zyklus arbeitete. Nach anfänglichem Fortschritt an den beiden unvollendeten Bänden des Zyklus – *Das Buch Franza* und *Requiem für Fanny Goldmann* –, die sie noch vor der Arbeit am Roman *Malina* begonnen hatte, stellte sie die Arbeit an ihnen plötzlich ein. Wegen ihres frühen Todes im Oktober 1973 blieben sie unvollendet.

73 Ebenda, S. 70.
74 Ebenda.

Bachmanns letztes Hörspiel, *Der gute Gott von Manhattan*, markiert in gewisser Hinsicht einen bedeutenden Wandel im Schaffen der Dichterin, vor allem deswegen, weil der Traum einer Utopie der Liebe und der Freiheit, den sie auch in früheren Schriften behandelte, nun soziale und zeitgeschichtliche Aspekte der damaligen Zeit aufnimmt und deshalb noch brisanter wirkt als in ihren vorherigen Schriften. Dass dieser Traum in den letzten Romanen zum Teil einem grauenhaften Alptraum weicht, tut der Botschaft der Dichterin keinen Abbruch, denn im Früh- wie im Spätwerk Bachmanns bleibt das, was den Menschen auszeichnet, nämlich die Fähigkeit zu lieben, nach wie vor eine Konstante und die Basis einer Hoffnung auf eine bessere Zukunft.

Das Werk Ingeborg Bachmanns erlebte in 70er und 80er Jahren ein erneutes Interesse, das bis heute anhält. Besonders in feministischen Kreisen wird die Dichterin als Klassikerin der Frauenliteratur angesehen, vor allem wegen der *Todesarten*-Romane, aber auch wegen des Hörspiels *Der gute Gott von Manhattan*, das seit den 70er Jahren als Fernsehfilm, als neue Funk- und Bühnenproduktion und sogar als Internet-Video mit Playmobil-Figuren zu erleben ist. Die nachhaltige Faszination dieses Werks unterstreicht Bachmanns Gabe als Autorin, Themen aufzubringen, die auf spielerische Weise von der Innenwelt der Menschen und deren Träumen handeln, von der Welt, wie sie ist, und wie sie sein könnte.

Bachmann als Klassikerin der Frauenliteratur

8. Rezeption

Zur Zeit der Urausstrahlung des Hörspiels *Der gute Gott von Manhattan* am 29. Mai 1958 war Bachmann vor allem als großes lyrisches Talent bekannt. Obwohl ihr zweites, nur drei Jahre früher gesendetes Hörspiel *Die Zikaden* von der Kritik positiv aufgenommen wurde, fand es in der breiten Öffentlichkeit im Vergleich mit den beiden Lyrikbänden Bachmanns, die in den 50er Jahren erschienen waren – *Die gestundete Zeit* (1953) und *Die Anrufung des großen Bären* (1956) – keine große Resonanz. Ihrem ersten Hörspiel, *Ein Geschäft mit Träumen* (1952), war es nicht besser ergangen. Bereits kurz nach der Urausstrahlung geriet es fast völlig in Vergessenheit und erschien erst im Jahr 1976 als Druckfassung.

Die Ursendung des dritten Hörspiels erfolgte gleichzeitig vom Norddeutschen Rundfunk, dem Bayerischen Rundfunk und Südwestfunk in zwei verschiedenen Produktionen (NDR/BR und SWF). Die Kritiker dieses in vielen Aspekten neuartigen Hörspiels wussten anfangs kaum etwas damit anzufangen, nicht zuletzt wegen der stellenweise undurchsichtigen lyrischen Sprache und der phantastisch-irrealen Elemente im Stück. Eine Rezension in der Wochenzeitung *Die Zeit* vom 5. Juni 1958 kritisierte zum Beispiel sowohl die Figuren der Eichhörnchen – »als Symbol werden sie nicht transparent« – als auch die ganze Rahmenhandlung, die man hier als reine

Rezensionen der Ursendung

»Staffage« und »Scheinprozeß« abtat.[75] Der Verfasser einer Kritik im *Spiegel* vom 18. Juni 1958 fand die »treibende Kraft« der Handlung, den guten Gott, eher »unklar profiliert«, obwohl er die spätere feministische Perspektive auf das Hörspiel vorwegnimmt, indem er die Figur Jennifers als »Heldin« der Geschichte bezeichnet.[76] Die Figuren der Eichhörnchen Billy und Frankie sowie ihr Marionettentheater ernteten in den frühen Rezensionen des Stücks besonders negative Beurteilungen. Eine Rezension in der *Funkkorrespondenz* der deutschen Radioanstalten bemängelte an der Theatervorstellung der Nagetiere, sie sei »ein unglücklicher, an den Haaren herbeigezogener Einfall, ein zweitklassiger symbolistischer Aufguss«.[77] Darüber hinaus seien die zeitkritischen Anspielungen des Hörspiels viel zu vage und im Ansatz steckengeblieben.

Trotz dieser ersten kritischen Urteile wurde das Hörspiel ein Jahr später mit dem renommierten Hörspielpreis der Kriegsblinden ausgezeichnet. Auch hier bestanden jedoch unter den Jurymitgliedern gewisse Zweifel, »ob ein Stück wie dieses, das schwer zugäng-

Hörspielpreis der Kriegsblinden

75 »Funk für Anspruchsvolle. *Der gute Gott von Manhatten* [sic]«, in: *Die Zeit* (5. Juni 1958). Zitiert nach *Zeit-Online*: www.zeit.de/1958/23/der-gute-gott-von-manhattan (Stand: 2. 12. 2019).

76 »Bachmann-Hörspiel. Guter Gott. Rezension von Ingeborg Bachmanns *Der gute Gott von Manhattan*«, in: *Der Spiegel* (18. Juni 1958).

77 *Funkkorrespondenz* vom 4. Juni 1958, online als *Medienkorrespondenz*: www.medienkorrespondenz.de/hoerfunk/artikel/ingeborg-bachmann-der-gute-gott-von-manhattan-ndrswfbr.html (Stand: 2. 12. 2019).

lich und vielleicht erst beim dritten Abhören ganz verständlich sei, noch den Namen ›Hörspiel‹ verdiene […]«.[78] Andere in der Jury kritisierten an dem Stück, es stecke zu viel Verzweiflung und Pessimismus in dem Stoff. Doch am Ende der Diskussion bekam Bachmanns Hörspiel, das der Österreichische Rundfunk 1983 eines der »besten Hörspiele der Welt« nannte,[79] die Mehrzahl der Stimmen und somit den Preis. Bei der Überreichung des Preises hob der Jury-Vorsitzende Friedrich Wilhelm Hymmen insbesondere »[den] Reichtum und die Magie unserer *Sprache*« hervor, »eine bedrückende, überwältigende Ausdruckswelt, in der Dämonie und Leidenschaft, Rausch und Todeszugewandtheit glaubwürdig gegenwärtig werden«.[80] Mit der Zeit einigten sich die kritischen Geister darauf, dass es sich bei diesem Stück tatsächlich um etwas Neues handelt: »Ingeborg Bachmann lässt hier das konventionelle Hörspiel weit hinter sich.«[81]

Der renommierte Bachmann-Kenner Hans Höller führte die anfangs ambivalente Rezeption des Stücks auf die Missdeutung von Bachmanns Konzept der »inneren Bühne« des Hörspiels zurück: »Innere Bühne, das bedeutete für die Kritik Verinnerlichung, und Verinnerlichung bedeutete Irrealität«.[82] Das zeigte

78 Claus Reinert, *Unzumutbare Wahrheiten? Einführung in Ingeborg Bachmanns Hörspiel »Der gute Gott von Manhattan«*, Bonn 1983, S. 142.

79 Zitiert nach Haider-Pregler (s. Anm. 3), S. 63.

80 Zitiert nach Reinert (s. Anm. 75), S. 148.

81 Ebenda.

82 Hans Höller, »Szenen, die dort beginnen, ›wo sonst der Vor-

sich vor allem in der 1960 entfachten Debatte über Bachmanns Hörspiel und die Entwicklung dieser Gattung, die sich in den 50er Jahren durch eine Verinnerlichung ausgezeichnet haben soll. Die Handlung eines solchen literarischen Hörspiels sei in der Regel weder an eine näher zu bestimmende Zeit noch an einen solchen Ort gebunden und richte sich »poetisch ganz aufs Niemandsland der reinen Empfindungen, freilich auf deren Scheitern, ohne sich dabei auf die gegebenen Widerstände einzulassen, welche dieses Scheitern verständlich ›von dieser Welt‹ ausweisen könnten«.[83] Ein solcher Vorwurf gilt natürlich nicht für *Der gute Gott von Manhattan*, der »ohne die Amerikareise nicht zu denken [ist]«,[84] eindeutig Mitte der 50er Jahre in der Stadt New York spielt und den Widerstand der Liebenden gegen die gesellschaftlichen Anpassungszwänge unleugbar schildert. Dennoch bezeichnete der Hörspielautor Wolf Wondratschek das Hörspiel im Rahmen der Debatte wegen eines angeblichen Mangels an Realitätsbezogenheit und gesellschaftlicher Reflexion als »künstlerisch reaktionär«, also als nicht mehr zeitgemäß.[85] Die Autorin habe auf gesellschaftliche Analyse zugunsten gewisser »Scheinfra-

Die Debatte um Bachmanns Hörspiel

Verinnerlichung oder Gesellschaftskritik?

hang fällt‹. Die Hörspiele Ingeborg Bachmanns«, in: Haider-Pregler (s. Anm. 3), S. 5.

83 Wolf Wondratschek / Jürgen Becker, »War das Hörspiel der fünfziger Jahre reaktionär? Eine Kontroverse am Beispiel von Ingeborg Bachmanns *Der gute Gott von Manhattan*«, in: *Merkur* 24 (1970), S. 190.

84 Bachmann (s. Anm. 1), S. 56.

85 Wondratschek/Becker (s. Anm. 80), S. 191.

gen« über die Liebe verzichtet und somit das Publikum »mit einer schalen Unverbindlichkeit beruhigt«[86]. Der Autor Jürgen Becker erwiderte diese Kritik mit dem Kommentar, dass Bachmann in dem Hörspiel »keineswegs Mythen heranzaubert oder Anbetungen zelebriert, sondern die Unmöglichkeit demonstriert, eine äußerste Utopie von Liebe hier und heute zu verwirklichen«[87]. Ähnlich wie Becker notierte Hans Höller, dass sich Bachmann schon in ihrem zweiten Hörspiel *Die Zikaden* (1955) mit den »irrationalistischen Tendenzen des Hörspiels der fünfziger Jahre« auseinandergesetzt hat, eine Tendenz, die im dritten Hörspiel der Autorin fortgesetzt wird.[88] Andrea Stoll hebt noch stärker den gesellschaftskritischen Aspekt der Hörspiele Bachmanns hervor und nennt *Der gute Gott von Manhattan* »eine Rebellion, deren blasphemische Sprengkraft nur von wenigen Zeitgenossen wahrgenommen wurde«,[89] während Sigrid Weigel im ähnlichen Sinne eine »radikale Gesellschaftskritik« in diesem Werk identifiziert.[90] Klar wird auf jeden Fall, dass die ganze Rahmenhandlung im Gerichtssaal, und vor allem die Kommentare des guten Gottes, die die sozialen und moralischen Kräfte

86 Ebenda.
87 Ebenda, S. 194.
88 Hans Höller, *Ingeborg Bachmann. Das Werk. Von den frühesten Gedichten bis zum »Todesarten«-Zyklus*, Frankfurt a. M. 1987, S. 95.
89 Andrea Stoll, *Ingeborg Bachmann. Der dunkle Glanz der Freiheit*, München 2013, S. 190.
90 Sigrid Weigel (s. Anm. 11), S. 224.

Abb. 5 Ingeborg Bachmann in New York 1955. – © Ingeborg Bachmanns Erben

der Gesellschaft umreißen, von der Autorin aufs Korn genommen werden. Der Bettler Mack, der interessanterweise in der Ursendungsproduktion vom Südwestfunk völlig fehlt, stärkt den sozialkritischen Aspekt des Stücks, indem er seine Situation so beschreibt: »Eingegangen in die schmerzensreiche Stadt und in die immerwährende Qual, verloren unter Verlorenen« (S. 23). Seine Worte deuten dabei an, welches Schicksal den Liebenden bevorstehen könnte, wenn sie der bestehenden Ordnung der Gesellschaft den Rücken kehren.

Nach der ersten Ausstrahlung des Hörspiels im Jahre 1958 traten in dieser Gattung technische Entwicklungen auf, wie die Stereophonie, die neue akustische Möglichkeiten und Formen für Hörwerke boten. Im Lauf der 60er Jahre schrieben neue Autorinnen und Autoren entsprechend experimentelle Texte für das Radio. In dieser neuen akustischen Landschaft wurden Bachmanns Hörspiele mit der Nachkriegszeit identifiziert, ein Eindruck, der durch die oben angeführte Debatte um das Hörspiel im Jahr 1960 gefördert wurde. Dennoch entdeckte man in den 70er Jahren *Der gute Gott von Manhattan* als künstlerisches Meisterstück dieser Gattung wieder und es gab zwei neue Produktionen des Stücks: eine vom Schweizer Radio (Studio Bern) im Oktober 1971 und eine im Dezember 1977 im DDR-Funk Berlin. In den darauffolgenden Jahrzehnten entstanden Varianten dieses Hörwerks in verschiedenen Medien. 1972 zum Beispiel drehte Klaus Kirschner für das Zweite Deutsche Fernsehen (ZDF) einen gleichnamigen Fernsehfilm, der im Mai des Jahres gesendet wurde. Es gab natürlich auch zahlreiche Neuausstrahlungen der Ursendung des Hörspiels im Programm vieler Radiosender in Deutschland, Österreich und in der Schweiz, zuletzt im Juli 2018 im Norddeutschen Rundfunk

■ Neue Rundfunkproduktionen der 70er Jahre

(NDR). Zudem erlebte das Hörspiel neben den Radioproduktionen auch zahlreiche Inszenierungen auf dem Theater, unter anderem in Berlin, München, Wien, Hamburg, Bonn, Graz, Greifswald u. v. a., obwohl Bachmann 1965 in einem Interview eindeutig meinte, das Hörspiel sei für die Bühne gar nicht geeignet:

■ Zahlreiche Theaterproduktionen bis in die heutige Zeit

> »[…] aber daß er [*Der gute Gott von Manhattan*] ein Hörspiel und kein Theaterstück geworden ist, das hängt damit zusammen, daß die wichtigsten Szenen auf dem Theater nicht zu denken, nicht darzustellen sind – sie beginnen jeweils dort, wo sonst der Vorhang fällt. Es ist darum ein Spiel für Stimmen und zum Hören oder zum Lesen da.«[91]

Trotz solcher Zweifel vonseiten der Autorin mehren sich die zum Teil auch innovativen Bühnenaufführungen des Hörspiels im neuen Jahrtausend. Eine relativ neue Inszenierung im Grazer Schauspielhaus (2017) integriert zum Beispiel Bachmanns Korrespondenz mit dem Dichter Paul Celan in den Text des Hörspiels. Und im Jahre 2004 hat Adriana Hölszky aus Bachmanns Stück eine Oper in Koproduktion mit der Staatsoper Dresden komponiert, die auf den Schwetzinger Festspielen ihre Premiere erlebte. In dieser Bearbeitung des Stoffs hebt Hölszky besonders die Stimmen in der Form eines Chors hervor.

■ Die Korrespondenz mit dem Autor Paul Celan

91 Bachmann (s. Anm. 1), S. 56.

Abb. 6: CD-Hülle des Hörspiels *Der gute Gott von Manhattan* des SRF im Merian Verlag. – © Merian Verlag

Hörbuch und Internet im 21. Jahrhundert

Dass *Der gute Gott von Manhattan* heute noch eine breite positive Resonanz genießt, zeigt sich in den digitalen Erscheinungsformen des Stücks, vor allem in Hörbuch-Ausgaben früherer Produktionen des Hörspiels, wie die Neuveröffentlichung im Jahr 2015 der Urausstrahlung vom Südwestfunk, oder die 2013 erschienene Neuauflage der Schweizer Produktion aus dem Jahr 1971. Sogar in die Internet-Popkultur ist Bachmanns Hörspiel 2017 im Video »*Der gute Gott von Manhattan* to go (Bachmann in 7 Minuten)« als Meme aufgenommen worden, in dem die Liebesgeschichte von Jan und Jennifer mit Playmobil-Figuren dargestellt wird.[92]

Wie Martin Z. Schröder in seiner Rezension der Hörbuch-Ausgabe von 2005 in der *Süddeutschen Zeitung* bemerkt, ist Bachmanns Hörspiel für den heutigen Hörer eventuell eine noch anspruchsvollere Herausforderung als für das Radiopublikum der 50er Jahre, weil man es heute nicht mehr gewohnt ist, solchen Dialogen aufmerksam zu lauschen: »Es lohnt sich, aufkommende Schläfrigkeit zu überwinden und diese Platte mehrmals anzuhören, Satz für Satz verfolgend, erst dann erschließen sich sowohl die schöne Prosa als auch die kunstvoll verzwirbelten und schrägen Gedanken.«[93]

Die feministische Rezeption

Einen bedeutenden Teil der Bachmann-Renaissance seit den 70er Jahren macht die feministische Perspektive in der Kritik aus. In den letzten Jahrzehnten des 20. Jahrhunderts gab es eine gewisse Akzentverlagerung in der Kritik des Hörspiels, die seit dem Erscheinen von *Malina* und den sonstigen *Todesar-*

92 Auf der Webseite *YouTube*: www.youtube.com/watch?v=69AdZOnn_vs (Stand: 2. 12. 2019).

93 Martin Z. Schröder, »Rezension des Hörbuchs *Der gute Gott von Manhattan* (Hörverlag München 2005)«, in: *Süddeutsche Zeitung*. Die Rezension befindet sich auch auf der Webseite *Perlentaucher de*: www.buecher.de/shop/liebesromane/der-gute-gott-von-manhattan-2-audio-cds/bachmann-ingeborg/products_products/detail/prod_id/14593442/#reviews (Stand: 2. 12. 2019).

ten-Fragmenten zu beobachten ist. Anstatt die Motive Liebe und Utopie in den Mittelpunkt kritischer Betrachtungen zu stellen, lag nun die Betonung in zunehmendem Maße auf der Rolle der Frau, hier Jennifer, als tragische Figur in einer von Männern dominierten Gesellschaft. Julia Hammingers Rezension derselben Hörbuch-Ausgabe von 2005, die den Rezensenten Schröder eher in Bezug auf die Sprache beschäftigte (siehe oben), ist insofern typisch für die neuere feministische Rezeption des Hörspiels, als die Art und Weise, wie die Liebesbeziehung zwischen Jennifer und Jan endet, den Ausgangspunkt einer pointierten Auseinandersetzung mit Geschlechterrollen der modernen Gesellschaft bildet: »Das Sterben von Jennifer und das Weiterleben von Jan verdeutlichen eine Übermacht des Männlichen über dem Weiblichen, die dezidiert angesprochen wird, wenn Jennifer ihre Rolle schildert: ›Weil jeder sehen kann, daß ich bald ganz verloren sein werde, und fühlen kann, daß ich ohne Stolz bin und vergehe nach Erniedrigung, daß ich mich jetzt hinrichten ließe von dir oder wegwerfen wie ein Zeug nach jedem Spiel, das du ersinnst‹«.[94] Hamminger räumt jedoch ein, dass der zeitliche Hintergrund der 50er Jahre in die Analyse dieser Rollen miteinbezogen werden muss: »Würde man diesem Aspekt keine Beachtung schenken, liefe der Hörer womöglich die Gefahr, befremdet

94 Julia Hamminger, »Rezension von *Der gute Gott von Manhattan.* Hörbuch, München 2005«, in: *Literaturhaus Wien Online*, S. 2: www.literaturhaus.at (Stand: 2. 12. 2019).

auf die Situation der Rolle der Frau zu reagieren. So ergibt sich jedenfalls die Möglichkeit, die bisherigen Ergebnisse des feministischen Diskurses neu zu überprüfen.«[95]

95 Ebenda.

9. Wort- und Sacherläuterungen

Einige Wörter auf der folgenden Liste sind poetische Wortbildungen der Dichterin und haben daher keine feste Definition.

[Titel] **Manhattan:** Stadtteil New Yorks. Eine Insel.

8,23–26 **Joe Bamfield und… Ellen Hay:** ein fiktives Liebespaar, das der gute Gott sechs Jahre vor Jennifers Mord umgebracht haben soll.

13,9 **Cherbourg:** Hafenstadt im Nordwesten Frankreichs.

13,27 **Kronzeuge:** im amerikanischen Rechtssystem jemand, der gegen Zusicherung von Straffreiheit oder reduzierter Strafe als Hauptzeuge der Anklage in einem Prozess um eine Straftat auftritt, an der er selbst beteiligt war.

14,5 **Grand Central Bahnhof:** Zentralbahnhof von New York City.

14,12 **Boston:** Hauptstadt des amerikanischen Bundesstaats Massachusetts, in der sich die Harvard University befindet.

15,13 f. **roten und braunen der schwarzen und gelben Gefahr:** Hinweise auf die weitverbreiteten Ängste in den USA in den Jahren des Kalten Krieges. Die rote Gefahr (der sowjetische Kommunismus); die braune/schwarze Gefahr (die nichtweißen Rassen); die gelbe Gefahr (der chinesische Kommunismus).

17,15 **Broadway:** berühmte Straße von New York City mit vielen Musiktheatern.

17,16 **Bronx:** Stadtteil von New York City.

18,4 **Philadelphia:** amerikanische Großstadt 150 Kilometer südlich von New York.

20,13 **Eisluft:** poetische Wortbildung der Autorin, die hier in einer Reihe von sprachlichen Bildern der Kälte steht.

20,14 **Schneehühner:** Vogelart, die hier in einer Reihe von sprachlichen Bildern der Kälte steht.

24,3 **Bowery:** Stadtteil von New York, der in den 50er Jahren als Abstiegsviertel bekannt war.

27,16 **Graphologe:** jemand, der aus der Handschrift eines Menschen auf bestimmte Bereiche von dessen Persönlichkeit schließen kann.

33,15 **Ninive und Babylon:** Städte der Antike in Mesopotamien, die in der Bibel als Symbole der Sündhaftigkeit und Exzesse stehen.

34,2 f. **Park Avenue:** breiter Boulevard in New York, der mitten durch Manhattan führt.

34,18 **Harlem:** Stadtteil von New York, in dem vorwiegend schwarze Amerikaner wohnen.

34,21 f. **Katharina von Siena:** eine Heilige der römisch-katholischen Kirche.

38,21 **Brooklyn-Brücke:** Brücke in der Stadt New York, die die Stadtteile Manhattan und Brooklyn verbindet.

39,4 **Drachenhemd**: Hemd mit einem in der chinesischen Kultur beliebten Motiv des Drachens.

40,8 **Wasserfall aus Pepsi Cola:** Bild auf einer Reklamewand in New York, das die Illusion schafft, dass Cola der Marke Pepsi aus einer riesigen Flasche fließt.

40,9 **Rauchring von Lucky Strike:** Reklamewand, die

große Rauchringe von sich gibt, um die Illusion zu schaffen, dass die überlebensgroße Figur eines Menschen in der Reklame tatsächlich raucht.

40,21 **Kinopalästen:** große opulente Kinos im Stadtteil Manhattan.

41,26 f. **Balletteusen des Asphalts:** Tambourmajorinnen, die in der Parade auf den Straßen Räder schlagen.

41,27 f. **Kriegsgewinnler:** jemand, der während eines Krieges am Verkauf von Waffen gut verdient.

42,26 **Orpheus und Eurydike:** Liebespaar aus der griechischen Mythologie. Der Sänger Orpheus versucht ohne Erfolg, seine verstorbene Geliebte Eurydike aus dem Totenreich zu holen.

43,2 **Tristan und Isolde:** tragisches Liebespaar des mittelalterlichen Epos von Gottfried von Straßburg.

43,4 **Romeo und Julia:** tragisches Liebespaar aus dem gleichnamigen Theaterstück von Shakespeare.

43,6 **Abälard und Heloïse:** historisch belegtes tragisches Liebespaar aus dem 12. Jahrhundert.

43,8 **Francesca und Paolo:** tragisches, wegen Ehebruchs in die Hölle verdammtes Liebespaar aus Dantes *Inferno*.

44,12 **Titania ... Esel:** Figuren aus Shakespeares Theaterstück *Ein Sommernachtstraum*. Durch einen Zaubertrank verliebt sich Titania, die Frau des Feenkönigs Oberon, in den Handwerker Zettel, der als ein Esel verkleidet ist.

45,9 **indianischen Totentäler:** Bild aus der Kultur der Indianer Nordamerikas.

49,12 **Diana:** Hurrikan Diana wütete im August 1955 in den Südstaaten der USA.

54,24 **Dromedar:** ein Kamel mit einem Höcker; oft im Zirkus zu sehen.

54,27 **Mulatten:** Nachkommen eines weißen und eines schwarzen Elternteils.

57,1 **Phalanx:** bei den Altgriechen eine geschlossene Schlachtreihe; metaphorisch: eine geschlossene Front.

57,15 **Kakteenpurpur:** poetische Wortbildung der Autorin.

59,9 **Spanische Folter:** Spanien war im späten Mittelalter wegen seiner vielen erfindungsreichen Foltergeräte berüchtigt.

59,13 **Daumenschrauben:** ein Folterinstrument des späten Mittelalters und der frühen Neuzeit.

59,14 f. **Kolonialbeamtenspiel:** Hinweis auf die Herr-Sklave-Beziehung in den deutschen Kolonien. Vom Kontext des Dialogs her ist eine Art Folter gemeint.

66,4 **Interferenzen:** Begriff aus der Mathematik und den Naturwissenschaften.

66,5 **Quantenlaunen:** Begriff aus der Quantenphysik.

66,5 **intersubjektiver Verifikation:** die Bestätigung eines wissenschaftlichen Postulats durch viele Forscher, die zu demselben Resultat kommen.

66,9 **Psychopathologie:** Branche der Psychiatrie, die sich mit psychischen Erkrankungen beschäftigt.

66,10 **Paläolithikum:** die Altsteinzeit.

67,22 **Ecksätzen:** erster bzw. letzter Satz einer größeren musikalischen Komposition.

71,10 **Kopfnuß:** mit den Fingerknöcheln gegen den Kopf

eines anderen schlagen; mit dem Kopf gegen den Kopf eines anderen stoßen. Hier ein Wortspiel, weil die Eichhörnchen so gerne Nüsse fressen.

75,24 **Kornelian:** blutroter Schmuckstein.

75,24 **Feerie:** eine szenische Aufführung einer Feengeschichte unter großem bühnentechnischem Aufwand.

76,12 **Geisterknacken:** poetische Wortbildung der Autorin.

76,21 **Lampione:** Papierlaterne.

76,22 **Schwammwerk:** Geflecht.

77,1 **Lasur:** hier eine Farbe: Lasursteinblau.

77,13 **Nimmermehrtag:** Tag, der niemals kommen wird; Ende der Zeit.

77,27 **Flammenschrift:** Hinweis auf das Buch Daniel in der Bibel. Die Hand Gottes schreibt »Mene, mene, tekel« mit Flammenschrift an die Wand der babylonischen Königshalle während eines Festes. Die Schrift wird von Daniel interpretiert und bedeutet: Die Herrschaft des Königs endet bald und sein Reich wird von seinen Feinden geteilt.

77,29 f. **Donnerhallen:** hier ein Ort, eine ›Festhalle‹, die aus der nordischen und angelsächsischen Heldentradition stammt.

78,16–17 **Dolden aus Tropen, Papageienhohn und dürre Geflechte aus Hungerland:** Jans poetische Bilder von fantastischen Dingen, die Jennifers Bett umringen sollen.

82,21 **schweres Wasser:** eine Art Wasser, in der die Wasserstoffatome durch Deuteriumatome ersetzt sind. In einer frühen Phase der Produktion von Nuklearenergie in Versuchsreaktoren verwendet.

85,20 f. **das Alpha und Omega:** der erste und letzte Buchstabe des griechischen Alphabets, hier mit der Bedeutung ›Anfang und Ende‹.

86,4 f. **die seltenen Elemente:** Gemeint sind hier die radioaktiven Elemente, und nicht die Seltenerdmetalle.

90,6 **Baseballspiel:** Nationalsportart der USA.

93,19 **Druckerschwärze:** schwarze Druckfarbe der Printmedien; steht hier für eine Zeitung.

94,8 **Paternoster:** Umlaufaufzug ohne Tür zur Personenbeförderung. Zwei Kabinen sind im ständigen Umlauf.

10. Prüfungsaufgaben mit Lösungshinweisen

Aufgabe 1: Die Liebesbeziehung analysieren

Erörtern Sie den Entwicklungsgang der Liebesbeziehung zwischen Jennifer und Jan im Hinblick auf die äußeren Kräfte, die auf sie einwirken, wie zum Beispiel die Briefe der Eichhörnchen, die anonymen Stimmen, das Schiffsbüro und die Interventionen des guten Gottes.

Lösungshinweise

- Ein Brief von den Eichhörnchen taucht schon bei der ersten Begegnung der jungen Menschen auf und sagt voraus, dass Jan und Jennifer die Nacht zusammen verbringen werden.
- Das sexuelle Abenteuer zwischen Jan und Jennifer wäre schon nach einer Nacht zu Ende, wenn Jans Platz auf dem Schiff vom Schiffsbüro bestätigt worden wäre. Die Verzögerung der Abreise ermöglicht die Weiterentwicklung der Beziehung.
- Der gute Gott bezahlt das Zimmer im 57. Stockwerk für das Liebespaar, ohne dass Jan und Jennifer davon wissen oder fragen, wieso sie das Zimmer kostenlos bekommen haben. Er erklärt diese anscheinende Großzügigkeit mit den Worten: »Ich trieb nur die Dinge voran, die nicht mehr aufzuhalten waren« (S. 73).
- Die anonymen Stimmen scheinen nur bis in die nie-

deren Höhen hörbar zu sein. Der gute Gott erklärt: »Oben ist die Luft dünner. Die Geräuschwellen gleiten ab an den Mauern« (S. 56). Doch als Jan das Hotel verlässt und sich in die Bar begibt, sind die Stimmen wieder da. Sie scheinen auf sein Vorhaben, die Schiffskarte zurückzugeben, um bei Jennifer zu bleiben, einzuwirken, da er »plötzlich [...] Lust verspürte, allein zu sein« (S. 93).

Aufgabe 2: Eine Textstelle interpretieren

Erörtern Sie die Beschreibung der Stadt New York auf S. 33–34 als eine Kritik Bachmanns an Aspekten der bürgerlichen Gesellschaft und der Stellung der Liebe darin.

Lösungshinweise

- Hervorgehoben werden in dieser Textstelle wirtschaftliche Aspekte der Gesellschaft, die mit Kapitalismus und Konsum zusammenhängen.
- Der gute Gott vergleicht die Stadt New York mit den antiken mesopotamischen Städten Ninive und Babylon, die in der Bibel mehrmals als Beispiele des moralischen Verfalls angeführt werden.
- Das Bild der gesellschaftlichen Ordnung, wie sie in der Beschreibung der Stadt New York geschildert wird, ergänzt Bachmann durch die Nebenfiguren Mack, den Bettler, (S. 23 f.) und die Zigeunerin (S. 21 f.). Beide sind

Außenseiter im gesellschaftlichen System des guten Gottes und fügen sich nicht in dessen Ordnung ein. Die Zigeunerin, die durch ihre Wahrsagereien das Gefühlsleben ihrer Kunden fördert, wird somit zur Widersacherin des guten Gottes und wird von ihm verfolgt. Die Figur des Bettlers Mack hingegen, die im gesellschaftlichen System keinen Wert mehr hat, soll zur Abschreckung aller derjenigen dienen, die außerhalb der bestehenden Ordnung zu leben versuchen. Doch diese beiden Figuren fehlen in der Ursendung des Hörspiels in der Produktion vom Südwestfunk, was das Bild der gesellschaftlichen Ordnung eventuell erheblich ändert. Berücksichtigen Sie bitte in Ihrer Interpretation der Sozialkritik der Autorin in diesem Stück auch diese Nebenfiguren und was ihr Fehlen in der SWF-Produktion andeuten könnte.

Aufgabe 3: Stilistische Analyse

Analysieren Sie den Sprach- und Bildgebrauch in Jans Liebesbekenntnis an Jennifer im 57. Stockwerk des Hotels (S. 74–78). Gehen Sie dabei darauf ein, wie die von ihm verwendeten Bilder und Metaphern seinen ›Grenzüberschritt‹ in der Liebe beleuchten. Vergleichen Sie außerdem Jans »neue Sprache« (S. 85) in dieser Szene mit seinem früheren Sprachgebrauch und ermitteln Sie, inwieweit diese Bilder einen begrifflichen und emotionalen Wandel in Jan repräsentieren.

Lösungshinweise

- Der Dialog zwischen Jan und Jennifer ist stellenweise sehr poetisch und reich an ungewöhnlichen Bildern und Metaphern. Viele der Bilder, die Jan in seiner Liebeserklärung verwendet, sind alles andere als konventionelle Symbole der Liebe. An einigen Stellen klingt es geradezu wie das Gegenteil davon.
- In seiner Liebeserklärung stellt Jan auf S. 77–78 existenzielle Fragen, in denen Begriffe wie »Gott«, »ein Nichts« und »die Leere« vorkommen. Solche Begriffe verleihen seinem neuen Verständnis der Liebe eine tiefere Bedeutung, die über das Sinnliche und Emotionale hinausgeht.
- Jan verwendet Bilder und Metaphern, um seine Liebesgefühle auszudrücken, weil ihm die alltägliche Sprache in dieser Hinsicht unzulänglich erscheint. Die Auswahl der Bilder lässt jedoch auf seine Auffassung von der Liebe als zwischenmenschlichem Phänomen schließen.

Aufgabe 4: Figuren analysieren

Charakterisieren Sie die Figuren Frankie und Billy im Hinblick auf ihre Funktion im Stück als Anstifter der Zwietracht. Wie gut passen diese phantastischen Figuren in die sonst realistisch dargestellte Handlung? Begründen Sie Ihr Urteil mit konkreten Beispielen.

Lösungshinweise

- Achten Sie darauf, inwieweit die Eichhörnchen gehorsame Diener des guten Gottes sind oder inwieweit sie gelegentlich dazu tendieren, unabhängig zu handeln. Der gute Gott sagt im Verhör über die Tiere: »Die ausschweifende Phantasie meiner Handlanger habe ich nur gelenkt und benutzt; meiner Nüchternheit war sie zuwider« (S. 60).
- Aufgrund gewisser Interventionen der Eichhörnchen könnte man die Ansicht vertreten, die Nagetiere haben die Liebesbeziehung zwischen Jan und Jennifer angespornt. Dennoch bietet die Theatervorstellung der Tiere im Park ein Schreckensbild der Liebe. Die Darstellung der historischen und literarischen Liebespaare mit Hilfe von Marionettenfiguren deutet eventuell auf eine Lenkung der Liebenden durch eine äußere Kraft hin.
- Jennifer und Jan reagieren auf die Briefe von den Eichhörnchen, als ob diese etwas ganz Alltägliches seien.

Aufgabe 5: Stilanalyse

Erläutern Sie anhand konkreter Beispiele die Funktion allegorischer Stilmittel im Hörspiel. Die Verbildlichung abstrakter Konzepte oder komplexer Sachverhalte erfolgt dabei manchmal durch die Verkörperung einer Idee oder eines Sachverhalts durch eine Figur. Welche Figuren im Stück verkörpern welche Konzepte, Sachverhalte oder Charakteristiken?

Lösungshinweise

- Der gute Gott scheint zuweilen eine übernatürliche, nicht in der konkreten Welt verankerte Figur zu sein. Er hat Kenntnisse über die Liebespaare der Stadt durch die sprechenden Eichhörnchen, die in seinem Dienst stehen.
- Es gibt in dem Stück eine Anzahl von Figuren mit einer allegorischen Funktion, die aber keine Eigennamen tragen, wie zum Beispiel der gute Gott, der Richter, die Zigeunerin, der Polizist oder der Zeitungshändler. Sie vertreten eine Idee, wie die Freiheit des Individuums (die Zigeunerin), oder das Gesetz (der Richter und der Polizist), während der gute Gott die moralische Ordnung der modernen Gesellschaft vertreten soll. Der Zeitungshändler repräsentiert hingegen die Sinnlosigkeit der Massenmedien und die Sprache in der modernen Gesellschaft.

  Aber auch Figuren mit Namen, wie die Eichhörnchen Frankie und Billy, können eine allegorische Funktion haben. Sie verkörpern das Böse des gesellschaftlichen Systems, das alle vernichten will, die sich der bestehenden Ordnung nicht anpassen.
- Es gibt auch in diesem Stück Gegenstände und Orte, die auch eine allegorische Funktion haben, wie die Stadt New York oder die verschiedenen Stockwerke im Hotel Atlantic. Die Stadt New York wird zum Beispiel im Text als »wiedererstandene[s] Ninive und Babylon« (S. 33) beschrieben und verkörpert also nach dem traditionellen Bild der Bibel einen Ort der Laster und des

Bösen. Und die verschiedenen Stockwerke im Hotel Atlantic, in denen Jan und Jennifer wohnen, repräsentieren zusammen eine himmlische Existenz, ein Paradies, das sich vom Alltag der gesellschaftlichen Ordnung abhebt.

Aufgabe 6: Medienübergreifend arbeiten

Hören Sie sich die Aufzeichnung der Ursendung des Hörspiels in der Produktion des Südwestfunks durch den folgenden Link an:

archive.org/details/BachmannHorspiel

Analysieren Sie die akustischen Mittel, die im Hörspiel gebraucht werden, auf ihre Gesamtwirkung im Stück hin. Untermauern Sie Ihre Antwort durch konkrete Beispiele.

Lösungshinweise

- Die Musik in den Hörspielen der 50er Jahre diente meist als eine unterhaltende Brücke zwischen den Szenen. In Bachmanns Hörspielen hingegen hat die Musik meist eine andere Funktion. In der ersten Szene im Bahnhof löst Jennifer z. B., indem sie den Nuss-Automaten betätigt, eine Musik aus, die nach den Anweisungen der Autorin »*noch öfter zu hören sein wird*« (S. 18), was andeutet, dass diese Musik eine leitmotivische Funktion hat.

- Die anonymen Stimmen sind in der Ursendung vom Südwestfunk übereinandergelagert, was das Verständnis der einzelnen Sätze und Satzfetzen erschwert, während sie im Lesetext aufeinander folgen und zudem »*klar und gleichmäßig*« (S. 15) gesprochen werden sollen. Diese unterschiedlichen Darstellungsweisen der Stimmen könnten im Hinblick auf ihre Funktion im Stück auf eine Akzentverlagerung hinweisen, denn Jennifer und Jan scheinen im Text wie in der Ursendung im SWF die körperlosen Stimmen überhaupt nicht zu hören. Das deutet darauf hin, dass die moralische Ordnung, die die Stimmen vertreten, für die Menschen, die in Freiheit leben wollen, etwas Unverständliches ist und gar nicht wahrgenommen wird. Jennifer ahnt zum Beispiel die Gefahr nicht, die sie und Jan bedroht, wenn sie am Ende des Hörspiels vom guten Gott das Paket mit der Bombe entgegennimmt.
- In der Ursendung gibt es manchmal etwas längere Pausen im Dialog. Wie sind diese im Sinne von Bachmanns Begriff des »positiven Schweigens« zu deuten? Im manchmal schwierigen Verhör des guten Gottes im Gerichtssaal gibt es gelegentlich kurze Pausen im Dialog, in denen der Richter oder der gute Gott ihre Worte vorsichtig zu formulieren scheinen. Nach Bachmann könnte das bedeuten, dass der Sprecher selbst kein Vertrauen zu dem Wahrheitsgehalt seiner Worte hat und dies mit einer kurzen Pause andeutet. Geben Sie ein paar konkrete Beispiele aus der Ursendung, wo solche Pausen vorkommen. Welche Themen werden an diesen Stellen angesprochen?

- Wegen der noch eingeschränkten technischen Möglichkeiten der späten 50er Jahre im Rundfunk konnte man nur beschränkt eine Szene im Freien oder in einem größeren Raum wie dem Zentralbahnhof New Yorks akustisch darstellen. In Bachmanns Hörspiel gibt es jedoch mehrere solche Szenen im Freien, in denen verschiedene Mittel verwendet werden, um die Illusion solcher Räume zu schaffen. Das kann akustisch geleistet werden, wie zum Beispiel in der Bahnhofshalle, wo laut Anweisung Menschen an Jan und Jennifer vorübergehen (S. 18), wobei sich ein paar Stimmen dieser Passanten zwischen die Worte von Jan und Jennifer hineinschieben. Oder eine Szene im Freien kann von einer Figur beschrieben werden, wie im Gespräch zwischen dem Richter und dem guten Gott , der das Geschehen rund um das Marionettentheater der Eichhörnchen im Central Park ausführlich beschreibt (S. 42).

Aufgabe 7: Interpretation

Interpretieren Sie die Argumente im Stück für und gegen die Ansicht des guten Gottes, dass eine intensive, utopische Liebe für die Gesellschaft eine Gefahr darstellt.

Lösungshinweise

- Wenn die Beziehung zwischen Jennifer und Jan ein seltener Fall von Liebe wäre, der sich im Privaten abspielt und von keinen anderen Menschen bemerkt würde – »Sag es niemand« (S. 19, 40) lautet die wiederholte Botschaft der Eichhörnchen –, könnte eine solche Beziehung kaum negative Auswirkungen auf die gesellschaftliche Ordnung haben.
- Das Glaubensbekenntnis des guten Gottes auf Seite 80 macht klar, *dass* er die Liebe für eine Gefahr hält, jedoch nicht, *warum* es so ist. Er ergänzt seine Meinung auf Seite 81 mit einem Beispiel einer aus seiner Sicht optimalen Liebesbeziehung.
- Für den Richter ist der gute Gott ein Wahnsinniger (S. 12) und »ein krankhafter Phantast« (S. 81). Doch am Ende des Verhörs scheint er mit den Rechtfertigungen des guten Gottes zur Mordtat einverstanden zu sein.
- Der gute Gott führt als Beweise seines Standpunkts Beispiele an, wie das Liebespaar sich aus der Umwelt zurückgezogen hat, unter anderem, dass sie in der Öffentlichkeit andere Menschen angelächelt haben, ohne zu verraten, warum. Er sieht darin eine Verschwörung gegen die gesellschaftliche Ordnung.
- Der gute Gott meint im Verhör, die Liebe sei »kein Gefühl, nur Untergang!«, denn »es kommt doch darauf an, auszuweichen, sich anzupassen!« (S. 86).

11. Literaturhinweise/Medienempfehlungen

Textausgabe

Bachmann, Ingeborg: Der gute Gott von Manhattan. Hörspiel. München: Piper, [4]2019. – *Nach dieser Ausgabe wird zitiert.*

Hörbuch

Der gute Gott von Manhattan. SWR-Produktion unter der Regie von Gert Westphal. Der Hörverlag 2015. (www.randomhouse.de/Hoerbuch-Download/Der-gute-Gott-von-Manhattan/Ingeborg-Bachmann/der-Hoerverlag/e488673.rhd)

Der gute Gott von Manhattan. Produktion des NDR und BR unter der Regie von Fritz Schröder-Jahn. Pidax Hörspiel Klassiker 2015. (www.hoerspieltipps.net/hsp/3354.html)

Der gute Gott von Manhattan. Produktion vom Schweizer Radio und Fernsehen (SRF) unter der Regie von Klaus Leonhard, zum 40. Todestag von Ingeborg Bachmann herausgegeben. Christoph Merian Verlag 2013. (www.srf.ch/shop/der-gute-gott-von-manhattan)

Interviews mit Ingeborg Bachmann

Ingeborg Bachmann: Wir müssen wahre Sätze finden. Gespräche und Interviews. Hrsg. von Christine Koschel und Inge von Weidenbaum. München/Zürich 1983.

Zum Leben und Werk Ingeborg Bachmanns

Albrecht, Monika / Göttsche, Dirk (Hrsg.): Bachmann-Handbuch. Leben – Werk – Wirkung. Sonderausgabe. Stuttgart/Weimar 2013. [Eine neue aktualisierte Ausgabe erscheint 2020.] – *Eine der besten Quellen für Informationen über das Leben und Werk Ingeborg Bachmanns.*

Beicken, Peter: Ingeborg Bachmann. München 1988. – *Gut lesbare Biographie der Dichterin mit interessanten und gut nachgewiesenen Interpretationen vieler einzelner Werke, insbesondere der Hörspiele.*

Hartwig, Ina: Wer war Ingeborg Bachmann? Eine Biographie in Bruchstücken. Frankfurt a. M. 2017. – *Keine vollständige Biographie der Dichterin, bietet jedoch neue Quellen zum Leben und Werk Bachmanns in den 50er Jahren.*

Höller, Hans: Ingeborg Bachmann. Reinbek b. Hamburg 1999. – *Kurze und gut lesbare Biographie Bachmanns von einem der renommiertesten Bachmann-Kenner.*

Weigel, Sigrid: Ingeborg Bachmann. Hinterlassenschaften unter Wahrung des Briefgeheimnisses. Wien 1999. – *Geistreiche Interpretationen des Bachmannschen Werkes mit vielen Hinweisen auf die geisteswissenschaftlichen Einflüsse, die das Werk Bachmanns geprägt haben.*

Zum Hörspiel *Der gute Gott von Manhattan*

Bachmann, Ingeborg: Die Wahrheit ist dem Menschen zumutbar. Rede zur Verleihung des Hörspielpreises der Kriegsblinden. In: I. B.: Werke. Hrsg. von Christine Koschel, Inge von Weidenbaum und Clemens Münster. Bd. 4. München 1978. S. 275–277. – *Bachmanns Dankesrede, in der sie sich zum Hörspiel »Der gute Gott von Manhattan« theoretisch äußert.*

Haider-Pregler, Hilde: Ingeborg Bachmanns Radioarbeit. Ein Beitrag zur Hörspielforschung. In: Ingeborg Bachmann. L'oeuvre et ses situation. Actes du colloque 29, 30 et 31 Janvier 1986 Nantes. Hrsg. von Jean Paul Barbe und Werner Wögerbauer. Nantes 1986. S. 24–81. – *Gründliche Analyse der Hörspiele und der Quellen ihres Stoffes. Geht ausführlich auf die Unterschiede zwischen der Ursendung und dem Lesetext ein.*

Lennox, Sara: Hörspiele. In: Bachmann-Handbuch. Leben – Werk – Wirkung. Hrsg. von Monika Albrecht und Dirk Göttsche. Stuttgart/Weimar 2013. [Neue revidierte Ausgabe erscheint 2020.] – *Detaillierte Darstellung und Interpretation der Hörspiele Bachmanns.*

Seim, Jürgen: Ingeborg Bachmann – *Der gute Gott von Manhattan.* In: Kein objektives Urteil – nur ein lebendiges. Texte zum Werk von Ingeborg Bachmann. Hrsg. von Christine Koschel und Inge von Weidenbaum. München 1989. S. 395–402. – *Guter Überblick über das Hörspiel.*

Simons, Oliver: Bachmanns Amerika. In: Bachmanns Medien. Hrsg. von Oliver Simons und Elisabeth Wagner. Berlin 2008. S. 148–161. – *Dieses Kapitel des Sammelbandes befasst sich mit Bachmanns Gebrauch der Sprache im Hörspiel »Der gute Gott von Manhattan« als Kommunikationsmittel und -medium.*

Quelle zur Debatte um das Hörspiel der Nachkriegszeit

Wondratschek, Wolf / Becker, Jürgen: War das Hörspiel der fünfziger Jahre reaktionär? Eine Kontroverse am Beispiel von Ingeborg Bachmanns *Der gute Gott von Manhattan.* In: Merkur 24 (1970) S. 190–194. – *Der Artikel, der die Debatte um Bachmanns Hörspiel auslöste.*

Fernsehfilm (1972)

Der gute Gott von Manhattan. Eine Produktion für das Zweite Deutsche Fernsehen (ZDF). Regie: Klaus Kirschner. Die Rollenbesetzung findet man hier: www.imdb.com/title/tt1734078/

Internetquellen

Ingeborg Bachmann Forum: www.ingeborg-bachmann-forum.de – *Eine umfangreiche Literatur-, Material-, Foto- und Linksammlung über das Werk und die Person Ingeborg Bachmanns.*

Austria Forum: austria-forum.org/af/Biographien/Bachmann%2C_Ingeborg – *Leben und Werk Ingeborg Bachmanns im Überblick mit weiterführenden Links.*

Der gute Gott von Manhattan to go (Bachmann in 7 Minuten). Youtube-Video: www.youtube.com/watch?v=69AdZOnn_vs – *Witzige Zusammenfassung.*

Aufführung des Münchener Galerie-Theaters: www.youtube.com/watch?v=fy6rF3rTXyk

Gerd Westphal Produktion des Hörspiels im SWF: archive.org/details/BachmannHorspiel

Die Ursendung des Hörspiels in der Produktion vom NDR/BR unter der Regie von Fritz Schroeder-Jahn ist leider online nicht kostenlos zugänglich.

12. Zentrale Begriffe und Definitionen

Allegorie: Die Allegorie ist die Verbildlichung von abstrakten oder unwirklichen Dingen, wie Begriffen, Charakterzügen, Systemen usw., die oft durch eine Figur verkörpert werden. Ein komplexer Sachverhalt kann dabei durch eine einzige Figur oder einen bildhaften Text dargestellt werden. Die Figur der Justitia mit verbundenen Augen, Schwert und Waage ist z. B. eine allegorische Verkörperung der Gerechtigkeit.

➤ S. 77, 146 f.

»Andere Zustand«: Ein vom Schriftsteller Robert Musil geprägter Begriff einer utopischen Liebe, die gegen die Konventionen der bürgerlichen Moral verstößt.

➤ S. 23, 35, 49, 51, 64 f., 89

Antagonist: In literarischen Texten ist der Antagonist der Hauptgegner oder Hauptwidersacher des Protagonisten, der versucht, dessen Handeln zu behindern oder seine Absichten zu vereiteln. In *Der gute Gott von Manhattan* ist der gute Gott der handelnde Antagonist des Liebespaars.

➤ S. 48

Autobiographische Bezüge: Hierunter versteht man in einem literarischen Werk die Darstellung des eigenen Lebens des Autors oder einzelner Abschnitte daraus. Autobiographische Bezüge sind dabei meist auf die Schilderung der geistigen und seelischen Entwicklungslinien des Autors ausgerichtet. Bachmanns Hörspiel weist z. B., indem die Frage nach der Möglichkeit einer freien Selbstbestimmung in der gesellschaftlichen Ordnung aufgeworfen wird, bedeutende Einflüsse ihrer Wiener Jahre auf.

➤ S. 106

diabolus ex machina: ›Teufel aus der Maschine‹, in Anlehnung an den lateinischen Ausdruck *deus ex machina* oder ›Gott aus der Maschine‹. Diese Wendung bezeichnet das plötzliche Auftauchen einer Gottheit in der antiken Tragödie, die einen Konflikt löst. Der gute Gott, der am Ende der Liebesgeschichte plötzlich auftaucht, um die Paketbombe bei Jennifer abzuliefern, ist trotz seines Spitznamens eine teuflische Figur, die keine positive Lösung, sondern den Tod bringt.

➤ S. 95

Dialog: Ein Dialog ist ein von zwei oder mehreren Personen abwechselnd geführtes Gespräch. In Bachmanns Hörspiel ist der Dialog das Hauptstilmittel, um die ➤ »innere Bühne« der Handlung, d. h. die inneren Gefühle der Protagonisten, zu veranschaulichen.

➤ S. 8, 10, 15, 37, 46, 54–56, 89, 98, 104, 133, 145, 149

Erzählte Zeit: Die erzählte Zeit ist die fiktive Zeitspanne, die im Werk dargestellt wird. Die Liebesgeschichte Jennifers und Jans umfasst eine Zeitspanne von fünf Tagen, die innerhalb einer Hörspielsendung von etwa 90 Minuten erzählt wird.

Figur: Eine dargestellte Gestalt in einem literarischen Werk. In einem Text mit mehreren Gestalten, unterteilen sie sich je nach ihrer Bedeutung für die Handlung in Hauptfiguren und Nebenfiguren. Was diese tun und erleben, bildet die Handlung des literarischen Textes.

➤ S. 28–45, 52, 64, 72, 77, 88, 124 f., 143–148

Höhepunkt: Der Höhepunkt einer Handlung ist der Zeitpunkt, an dem das Ziel der Hauptfigur[en] erreicht wird, nahe scheint oder tragisch vereitelt wird. In Bachmanns Hörspiel haben beide Handlungsstränge einen eigenen Höhepunkt: Für den guten Gott und die Welt der Ordnung ist es die Explosion, die der von den Normen abweichenden Liebesbeziehung ein Ende macht, während der Höhepunkt für die Liebenden in Jans Liebeserklärung im 57. Stock zu sehen ist.

➤ S. 51, 87, 99

Hörspiel: Das Hörspiel ist eine dramatische, für den Rundfunk konzipierte Kunstform, die lediglich mit akustischen Mitteln arbeitet. Die 1940er und 50er Jahre waren die Blütezeit des literarischen Hörspiels, in dem man mit Worten, Geräuschen und Musik eine fiktive Welt schuf. In den 60er Jahren kam noch das experimentelle Hörspiel dazu, das sich nicht mehr auf Handlung und Figuren konzentrierte, sondern auf die Sprache selbst als Stoff des Werkes.

➤ S. 7 f., 49, 46–48, 52, 54, 66, 124–135, 146–150

Innenbühne: ein Begriff aus der Psychotherapie, den Bachmann für den Bereich der inneren Gefühle der Liebenden in *Der gute Gott von Manhattan* verwendet. Sie spricht dabei in leicht abgewandelter Form von einer »inneren Bühne«.

➤ S. 47

Ironie: Die Ironie ist die absichtliche Äußerung einer Unwahrheit, wobei meist genau das Gegenteil des Gesagten gemeint ist. Vieles, was Jan zu Jennifer sagt, ist ironisch gemeint, z. B. sein angebliches Versprechen, ihr zu schreiben. Dennoch nimmt Jennifer solche Äußerungen wörtlich, hält sie also für wahr.

➤ S. 18, 38, 86, 104

Kalter Krieg: Bezeichnung für den Konflikt zwischen den Siegermächten des Zweiten Weltkriegs von 1947 bis 1991. Gegner waren die Westmächte unter der Führung der USA mit dem Ziel der Eindämmung des Sowjet-Kommunismus und der sogenannte ›Ostblock‹ unter Führung der Sowjetunion in erklärter Gegnerschaft zum ›Kapitalismus‹ und ›Imperialismus‹ westlicher Staaten. Ihr ›kalter‹ Konflikt wurde vorwiegend mit Propaganda, Spionage und gegenseitiger atomarer Aufrüstung ausgetragen. Daher war die Gefahr eines Atomkrieges immer präsent.

➤ S. 47, 59 f., 136

Leitmotiv: Das Leitmotiv ist ein Stilmittel, das einzelne Textteile miteinander verbindet. Leitmotive sind ➤ Motive, die in einem Werk mehrfach wiederholt werden. Bachmann verwendet in *Der gute Gott von Manhattan* zwei Arten von Leitmotiven: zum einen wiederkehrende Handlungselemente, wie die Briefe der Eichhörnchen und die anonymen Stimmen, und zum anderen die Musik vom Nussautomaten, »*die noch öfter zu hören sein wird*« (S. 18).

➤ S. 21, 42, 56 f., 148

Moralitätsstück: ein ➤ allegorisches Drama oder moralisches Lehrstück. Die hier auftretenden Figuren sind meist Personifizierungen von moralischen Qualitäten, wie Tugenden und Laster, oder von abstrakten Mächten, wie der Tod. Das Stück soll eine moralische Lehre erteilen.

Motiv: In der Literatur bezeichnet das Motiv ein kleines thematisches oder stoffliches Element, das über sich selbst hinaus Bedeutung für den Textzusammenhang schafft. In Bachmanns Hörspiel hat etwa das Motiv der Hotelzimmer in immer höheren Stockwerken eine zentrale Bedeutung für die Handlung.

➤ S. 37, 47, 59, 67, 134

Rahmenhandlung: Die Anlage einer Rahmen- und Binnenhandlung ist ein Aufbauprinzip, das meist in epischen Erzählungen, aber auch in dramatischen Stücken verwendet werden kann. Dabei wird die eigentliche Handlung in einen Rahmen gestellt, von dem aus diese Binnenhandlung oft auch kommentiert wird. Im Stück *Der gute Gott von Manhattan* bildet das Gerichtsverfahren den Rahmen, der die Liebesgeschichte von Jennifer und Jan umschließt.

➤ S. 7 f., 30, 49, 71, 124, 128

Rezeption: Begriff der Literaturwissenschaft, der sich auf die Reaktion des Rezipienten (Leser, Medien usw.) bezieht. Die Rezeption eines literarischen Werkes schließt alle Aspekte der Aufnahme und Verarbeitung des Werkes durch das Publikum ein.

➤ S. 124, 126, 133 f.

Rückblende: auch Analepse genannt. Die Rückblende ist ein Stilmittel, bei dem ein vergangenes Ereignis oder Geschehen zu einem späteren Zeitpunkt dargestellt wird. In Bachmanns Hörspiel dient das Verhör im Gerichtssaal als ➤ Rahmen einer ausgedehnten Rückblende, in der erzählt wird, wie es zum Gerichtsverfahren gekommen ist. Details der fünftägigen Liebesbeziehung und ihres tragischen Endes werden vom Richter und dem guten Gott wiedergegeben.

➤ S. 49, 71

Symbol: ein Zeichen in einem literarischen Werk, das stellvertretend für etwas anderes steht, wie z. B. eine Idee oder eine Handlung. Ein Symbol kann in verschiedenen Formen erscheinen: in Worten, Gegenständen, Vorgängen usw., und erhält durch den besonderen Zusammenhang, in dem es steht, einen tieferen Sinn.
➤ S. 8 f., 13, 37, 40, 46 f., 56, 61, 85–87, 89–92, 103, 118, 124 f., 137

Wendepunkt: Der Wendepunkt ist der Moment in einem literarischen Werk, an dem die Geschichte einen anderen Verlauf nimmt als zunächst erwartet. Das Geschehen der Geschichte ändert sich plötzlich entgegen der Erwartung des Lesers, Hörers oder Zuschauers. Man kann einen Wendepunkt entweder durch eine Aktion der Figur hervorrufen oder durch eine Offenbarung.
➤ S. 34, 50 f.

Zeitraffung: Die Zeitraffung ist ein Begriff der Zeitgestaltung eines literarischen Werkes, bei dem die ➤ erzählte Zeit einen deutlich längeren Zeitraum umfasst als die Lektüre selbst. In *Der gute Gott von Manhattan* wird die fünftägige Liebesbeziehung zwischen Jennifer und Jan in etwa 90 Minuten dargestellt.
➤ S. 55